环球网校

严格按照全新考试大纲编写

一级建造师

同步章节习题集

建设工程项目管理

环球网校建造师考试研究院　主编

东南大学出版社
SOUTHEAST UNIVERSITY PRESS
·南京·

图书在版编目(CIP)数据

建设工程项目管理/环球网校建造师考试研究院主编.—南京:东南大学出版社,2024.4
(一级建造师同步章节习题集)
ISBN 978-7-5766-1398-8

Ⅰ.①建… Ⅱ.①环… Ⅲ.①基本建设项目—工程项目管理—资格考核—习题集 Ⅳ.①F284-44

中国国家版本馆 CIP 数据核字(2024)第 081676 号

责任编辑:马伟　责任校对:张万莹　封面设计:环球网校·志道文化　责任印制:周荣虎

建设工程项目管理
Jianshe Gongcheng Xiangmu Guanli

主　　编:环球网校建造师考试研究院
出版发行:东南大学出版社
出 版 人:白云飞
社　　址:南京四牌楼2号　邮编:210096　电话:025-83793330
网　　址:http://www.seupress.com
电子邮件:press@seupress.com
经　　销:全国各地新华书店
印　　刷:三河市中晟雅豪印务有限公司
开　　本:787 mm×1092 mm　1/16
印　　张:12.5
字　　数:300 千字
版　　次:2024 年 4 月第 1 版
印　　次:2024 年 4 月第 1 次印刷
书　　号:ISBN 978-7-5766-1398-8
定　　价:49.00 元

本社图书若有印装质量问题,请直接与营销部联系。电话(传真):025-83791830

环球君带你学管理

一级建造师执业资格实行统一大纲、统一命题、统一组织的考试制度，由住房和城乡建设部、人力资源和社会保障部共同组织实施。一级建造师执业资格考试分为综合考试和专业考试。综合考试涉及的主要内容是建造师在建设工程各专业实际工作中需要掌握的通用知识，它在工程总承包及施工管理各个专业工程实践中具有一定的普遍性，包括《建设工程经济》《建设工程项目管理》《建设工程法规及相关知识》3个科目。专业考试涉及的主要内容是建造师在专业建设工程实际工作中需要掌握的专业知识，它在工程总承包及施工管理各个专业中的运用有较强的专业性，包括建筑工程、市政公用工程、机电工程、公路工程、水利水电工程等专业。

一级建造师《建设工程项目管理》考试时间为180分钟，总分130分。试卷共有两道大题：单项选择题、多项选择题。其中，单项选择题共70题，每题1分，每题的备选项中，只有1个最符合题意。多项选择题共30题，每题2分，每题的备选项中，有2个或2个以上符合题意，至少有1个错项，错选，本题不得分；少选，所选的每个选项得0.5分。

一级建造师执业资格考试既是对执业人员实际工作能力的一种考核，也是人才选拔、知识水平和综合素质提高的过程。在这个过程中，以题带学、以题带练，对于提升专业能力、顺利通过考试极为重要。为帮助考生巩固知识、理顺思路、提高应试能力，环球网校建造师考试研究院依据一级建造师执业资格考试最新考试大纲，精心选择并剖析高频考点，深入研究历年真题，倾心打造了这本同步章节习题集。环球网校建造师考试研究院建议您按照如下方法使用本书。

◇ **以题带学，学以致用**

学习方法有很多种，对于有一定基础的读者来说，通过做题带动知识点的学习，无疑是效率最高的一种方法；对于基础较弱的读者来说，快速学完相关知识点后，也应认真做题，以题带学，巩固所学知识。环球网校建造师考试研究院依据最新考试大纲，按照知识点精心选编章节习题，并对习题进行了分类——标注"必会"的知识点及题目，需要考生重点掌握；标注"重要"的知识点及题目，需要考生会做并能运用；标注"了解"的知识点及题目，考生了解即可，不作为考试重点。建议考生认真做好每一道题目，扎扎实实备考。

◇ **以题带练，融会贯通**

多做题、做好题，是复习备考过程中的法宝。本书中的每道题均是环球网校建造师考试研究院根据考试频率和知识点的考查方向精挑细选出来的。在复习备考过程中，建议考生勤于思考、善于总结，灵活运用所学知识，提升举一反三、融会贯通的能力。此外，建议考生对错题进行整理和分析，从每一道具体的错题入手，分析错误的知识原因、能力原因、解题习惯原因等，从而完善知识体系，达到高效备考的目的。

◇夯实基础，高效备考

备考要关注做题质量。对于每道题，都要做到心中有数，知其然知其所以然，这样才能在完善的知识体系中抓住关键考点，提高做题正确率以及备考效率。考生还可以扫描目录二维码，进入一级建造师课程＋题库App，随时随地移动学习海量课程和习题，全方位提升应试水平。

本套辅导用书在编写过程中，虽几经斟酌和校阅，仍难免有不足之处，恳请广大读者和考生予以批评指正。

相信本书可以帮助广大考生在短时间内熟悉出题"套路"、学会解题"思路"、找到破题"出路"。在一级建造师执业资格考试之路上，环球网校与您相伴，助您一次通关！

请大胆写出你的得分目标＿＿＿＿

环球网校建造师考试研究院

目 录

第一章 建设工程项目组织、规划与控制

第一节　工程项目投资管理与实施/参考答案与解析 …………………………………… 3/127
第二节　工程项目管理组织与项目经理/参考答案与解析 ……………………………… 11/133
第三节　工程项目管理规划与动态控制/参考答案与解析 ……………………………… 14/135

第二章 建设工程项目管理相关体系标准

第一节　质量、环境、职业健康安全管理体系/参考答案与解析 ……………………… 21/138
第二节　风险管理与社会责任管理体系/参考答案与解析 ……………………………… 23/139
第三节　项目管理标准体系/参考答案与解析 …………………………………………… 25/140

第三章 建设工程招标投标与合同管理

第一节　工程招标与投标/参考答案与解析 ……………………………………………… 29/141
第二节　工程合同管理/参考答案与解析 ………………………………………………… 34/143
第三节　工程承包风险管理及担保保险/参考答案与解析 ……………………………… 44/150

第四章 建设工程进度管理

第一节　工程进度影响因素与进度计划系统/参考答案与解析 ………………………… 51/153
第二节　流水施工进度计划/参考答案与解析 …………………………………………… 52/153
第三节　工程网络计划技术/参考答案与解析 …………………………………………… 55/155
第四节　施工进度控制/参考答案与解析 ………………………………………………… 62/158

第五章 建设工程质量管理

第一节　工程质量影响因素及管理体系/参考答案与解析 ……………………………… 67/159
第二节　施工质量抽样检验和统计分析方法/参考答案与解析 ………………………… 70/161
第三节　施工质量控制/参考答案与解析 ………………………………………………… 73/163
第四节　施工质量事故预防与调查处理/参考答案与解析 ……………………………… 77/165

第六章　建设工程成本管理

第一节　工程成本影响因素及管理流程/参考答案与解析 ······················· 83/168
第二节　施工成本计划/参考答案与解析 ······················· 84/168
第三节　施工成本控制/参考答案与解析 ······················· 86/169
第四节　施工成本分析与管理绩效考核/参考答案与解析 ······················· 89/172

第七章　建设工程施工安全管理

第一节　施工安全管理基本理论/参考答案与解析 ······················· 97/176
第二节　施工安全管理体系及基本制度/参考答案与解析 ······················· 99/177
第三节　专项施工方案及施工安全技术管理/参考答案与解析 ······················· 104/181
第四节　施工安全事故应急预案和调查处理/参考答案与解析 ······················· 107/183

第八章　绿色建造及施工现场环境管理

第一节　绿色建造管理/参考答案与解析 ······················· 113/186
第二节　施工现场环境管理/参考答案与解析 ······················· 115/188

第九章　国际工程承包管理

第一节　国际工程承包市场开拓/参考答案与解析 ······················· 119/189
第二节　国际工程承包风险及应对策略/参考答案与解析 ······················· 119/189
第三节　国际工程投标与合同管理/参考答案与解析 ······················· 120/189

第十章　建设工程项目管理智能化

第一节　建筑信息模型(BIM)及其在工程项目管理中的应用/参考答案与解析 ······················· 125/192
第二节　智能建造与智慧工地/参考答案与解析 ······················· 126/192

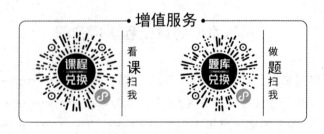

注：斜杠后的页码为对应的参考答案与解析，方便您更高效地使用本书。祝您顺利通关！

PART 1 第一章 建设工程项目组织、规划与控制

学习计划：

扫码做题
熟能生巧

天行健 君子以自强不息

第一节　工程项目投资管理与实施

■ 知识脉络

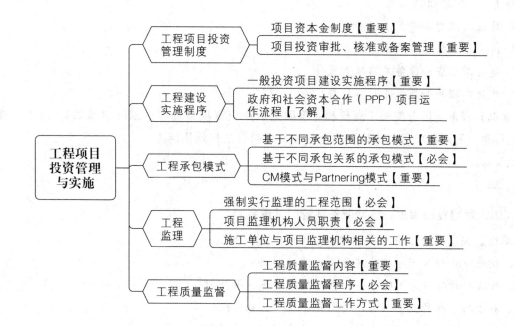

考点 1　项目资本金制度【重要】

1.【单选】在固定资产投资项目中，不能作为项目资本金的来源的是（　　）。

　　A. 国有企业产权转让收入

　　B. 企业法人的所有者权益

　　C. 社会个人合法所有的资金

　　D. 投资者从国家非法渠道筹措的资金

2.【单选】下列有关项目资本金制度的说法，错误的是（　　）。

　　A. 公益性投资项目不实行资本金制度

　　B. 项目资本金是指在项目总投资中由投资者认缴的出资额，这里的总投资是指投资项目的固定资产投资与铺底流动资金之和

　　C. 项目资本金属于非债务性资金，项目法人不承担这部分资金的任何利息和债务

　　D. 投资者可按其出资比例依法享有所有者权益，不可以转让其出资，也不得以任何方式抽回

3.【单选】除国家对采用高新技术成果有特别规定外，固定资产投资项目资本金中以工业产权、非专利技术作价出资的比例不得超过该项目资本金总额的（　　）。

　　A. 10%　　　　　　　　　　　　　　B. 15%

　　C. 20%　　　　　　　　　　　　　　D. 50%

4.【单选】基础设施领域项目通过发行权益型、股权类金融工具筹措的资本金,不得超过项目资本金总额的( )。

A. 20% B. 30%
C. 40% D. 50%

5.【单选】根据固定资产投资项目资本金制度,作为计算资本金基数的总投资,是指投资项目的( )之和。

A. 建筑工程费和安装工程费
B. 固定资产投资和铺底流动资金
C. 建筑工程费和设备工器具购置费
D. 建筑工程费和建设工程其他费

6.【单选】根据《国务院关于调整和完善固定资产投资项目资本金制度的通知》,对于产能过剩行业中的水泥项目,项目资本金占项目总投资的最低比例为( )。

A. 40% B. 35%
C. 30% D. 25%

考点 2 项目投资审批、核准或备案管理【重要】

1.【单选】关于政府投资项目审批制的描述,正确的是( )。

A. 政府投资项目不包括改建和技术改造项目
B. 政府投资项目审批时,可行性研究报告不需要审批
C. 对于所有政府投资项目,均需审批开工报告
D. 政府采用投资补助方式的项目,只审批资金申请报告

2.【多选】关于企业投资项目备案制的描述,正确的有( )。

A. 适用于未列入《政府核准的投资项目目录》的企业投资项目
B. 企业应在开工建设前通过项目在线监管平台进行备案
C. 备案信息包括项目的总投资额和符合产业政策的声明
D. 企业需提交包括环境影响评价在内的各项评估报告
E. 企业应对备案信息的真实性负责

考点 3 一般投资项目建设实施程序【重要】

1.【单选】关于工程勘察的描述,不正确的是( )。

A. 工程勘察对地形、地质及水文等状况进行测绘、勘探、测试
B. 工程勘察主要为满足工程设计的需要而进行
C. 工程勘察包括工程测量和岩土地质勘察
D. 工程勘察只在工程建设前期进行,后期不再涉及

2.【单选】关于工程施工阶段的描述,错误的是( )。

A. 工程施工阶段应保证工程工期、质量、成本、安全、绿色等目标
B. 开工时间指工程设计文件中任何一项永久性工程第一次正式破土开槽开始施工的时间
C. 工程地质勘察、平整场地可以算作正式开工工作
D. 分期建设的工程以各期工程开工的时间作为开工时间

3. 【单选】下列关于缺陷责任期的描述中,不正确的是( )。
   A. 缺陷责任期最长不超过2年
   B. 缺陷责任期内发现质量缺陷应及时修复
   C. 缺陷责任期届满时,建设单位可无条件扣留工程质量保证金
   D. 缺陷责任期内的修复和查验费用由责任方承担

4. 【单选】关于生产准备工作的描述,正确的是( )。
   A. 生产准备仅针对生产性项目
   B. 生产准备由施工单位完成
   C. 生产准备不包括组建生产管理机构、制定生产管理制度
   D. 生产准备工作内容因工程项目种类不同而存在差异

5. 【单选】政府投资项目的初步设计提出的投资概算超过批准的可行性研究报告中的投资估算( )的,项目单位应向投资主管部门报告。
   A. 5%   B. 10%
   C. 15%   D. 20%

6. 【单选】某工程,施工单位于3月10日进入施工现场开始搭设临时设施,3月15日开始拆除旧建筑物,3月25日开始永久性工程基础正式打桩,4月10日开始平整场地。该工程的开工时间为( )。
   A. 3月10日   B. 3月15日
   C. 3月25日   D. 4月10日

考点 4 政府和社会资本合作(PPP)项目运作流程【了解】

1. 【单选】关于PPP项目的物有所值(VFM)评价,下列关于定性评价的描述,错误的是( )。
   A. 定性评价主要包括全寿命期整合程度、风险识别与分配等六个方面
   B. 定性评价的补充评价指标主要考虑项目规模大小、预期使用寿命长短等因素
   C. 定量评价是判断是否采用PPP模式代替政府传统投资运营方式的重要手段
   D. 定性评价仅根据项目的特定情况进行,不需要专家组意见

2. 【单选】为保证政府和社会资本合作(PPP)规范发展,各地财政每一年度本级全部PPP项目从一般公共预算列支的财政支出比例上限是( )。
   A. 8%   B. 10%
   C. 15%   D. 20%

3. 【单选】下列属于PPP项目物有所值定性评价的基本指标的是( )。
   A. 行业示范性
   B. 可融资性
   C. 监管完备性
   D. 全生命周期成本测算准确性

4. 【单选】为了判断能否采用PPP模式代替传统的政府投资运营方式提供公共服务项目,应采用的评价方法是( )。
   A. 项目经济评价   B. 财政承受能力评价

C. 物有所值评价 D. 项目财务评价

5.【多选】对 PPP 项目进行物有所值定性评价的基本指标有（   ）。
   A. 运营收入增长潜力
   B. 潜在竞争程度
   C. 项目建设规模
   D. 政府机构能力
   E. 风险识别与分配

考点 5 基于不同承包范围的承包模式【重要】

1.【单选】关于 DBB 模式合同结构的说法，正确的是（   ）。
   A. 建设单位、勘察设计单位、施工单位之间形成直接的合同关系
   B. 建设单位与工程勘察设计单位和施工单位签订一份综合合同
   C. 工程勘察设计单位与施工单位之间有合同关系
   D. 建设单位分别与勘察设计单位、施工单位签订合同

2.【多选】下列属于 DBB 模式优点的有（   ）。
   A. 施工单位可以参与工程设计
   B. 建设单位、勘察设计单位、施工总承包单位及分包单位各自行使其职责明确，责权利分配明确
   C. 建设单位指令易贯彻执行
   D. 建设周期短
   E. 能够构成质量制约，有助于发现工程质量问题

考点 6 基于不同承包关系的承包模式【必会】

1.【单选】平行承包模式下，关于建设单位与承包单位的合同关系，描述正确的是（   ）。
   A. 建设单位需要与所有承包单位签订一个统一的合同
   B. 建设单位与每家承包单位签订相互独立的合同
   C. 所有承包单位之间存在直接的合同关系
   D. 建设单位不参与合同签订，由承包单位自行协商分工

2.【多选】关于联合体承包模式的说法，正确的有（   ）。
   A. 能够简化建设单位合同结构
   B. 有利于工程造价和建设工期控制
   C. 能减少组织协调工作量
   D. 所有承包单位各自与建设单位签订承包合同
   E. 有助于集中成员单位的资金、技术和管理优势

3.【多选】平行承包模式具有的不利特点有（   ）。
   A. 有利于缩短建设工期
   B. 组织管理和协调工作量大
   C. 工程造价控制难度大
   D. 不能充分发挥技术水平高、综合管理能力强的承包商优势

E. 承包单位之间存在合同关系

4. 【单选】某地铁工程施工中,业主将12座车站的土建工程分别发包给12家土建施工单位,将12座车站的机电安装分别发包给12家机电安装单位,这种承包模式属于( )模式。
   A. 工程总承包
   B. 平行承包
   C. 代建制
   D. 联合体承包

5. 【单选】在合作体承包模式下,建设单位与( )签订施工承包意向合同(基本合同)。
   A. 合作体内的某一家施工单位
   B. 合作体
   C. 所有施工单位
   D. 施工总承包单位

考点 7 CM模式与Partnering模式【重要】

1. 【单选】代理型CM合同是由建设单位与分包单位直接签订,一般采用( )的合同形式。
   A. 固定单价
   B. 可调总价
   C. GMP加酬金
   D. 简单的成本加酬金

2. 【单选】关于CM模式的特点,说法正确的是( )。
   A. 建设单位与分包单位直接签订合同
   B. 采用流水施工法施工
   C. CM单位可赚取总、分包之间的差价
   D. 采用快速路径法施工

3. 【单选】关于CM模式的说法,正确的是( )。
   A. CM合同采用成本加酬金的计价方式
   B. 分包合同由CM单位与分包单位签订
   C. 总包与分包之间的差价归CM单位赚取
   D. 订立CM合同时需要一次确定施工合同总价

考点 8 强制实行监理的工程范围【必会】

1. 【单选】根据《建设工程质量管理条例》,必须实行监理的工程项目是( )。
   A. 地基较简单的住宅建设工程
   B. 建筑面积大于5万平方米的住宅小区工程
   C. 利用国内银行贷款资金的工程
   D. 总投资额小于3000万元的供水工程

2. 【多选】根据《中华人民共和国建筑法》,必须实行监理的工程包括( )。
   A. 国家重点建设工程
   B. 建筑面积大于2万平方米的住宅小区工程
   C. 利用外国政府或者国际组织贷款、援助资金的工程
   D. 项目总投资额在2000万元以上的供水工程
   E. 成片开发建设的住宅小区工程

考点 9 项目监理机构人员职责【必会】

1. 【单选】根据《建设工程监理规范》（GB/T 50319—2013），总监理工程师的职责不包括（　　）。
   A. 审查施工单位的竣工申请
   B. 检查监理员工作
   C. 组织编写监理月报
   D. 签发工程开工令

2. 【多选】下列属于专业监理工程师职责的有（　　）。
   A. 组织编制监理规划
   B. 定期向总监理工程师报告本专业监理工作实施情况
   C. 组织审核分包单位资格
   D. 组织审查施工组织设计
   E. 验收检验批、隐蔽工程

3. 【多选】下列总监理工程师的职责中，不得委托给总监理工程师代表的有（　　）。
   A. 组织审核竣工结算
   B. 组织工程竣工预验收
   C. 组织编写工程质量评估报告
   D. 组织审查施工组织设计
   E. 组织审核分包单位资格

4. 【单选】下列选项中，属于监理员职责的是（　　）。
   A. 进行见证取样
   B. 处理工程索赔
   C. 组织检查现场安全生产管理体系
   D. 进行工程计量

考点 10 施工单位与项目监理机构相关的工作【重要】

1. 【单选】施工单位在施工合同履行中，对于实施监理的工程，应先将经内部审查通过的（　　）报送项目监理机构审查。
   A. 施工现场质量安全管理组织机构
   B. 施工组织设计
   C. 分包单位资格报审表及相关资料
   D. 工程开工报审表及相关资料

2. 【单选】工程开工前，应由（　　）主持召开工程设计交底会议。
   A. 设计单位　　　　　　　　　B. 施工单位
   C. 建设单位　　　　　　　　　D. 监理单位

3. 【单选】工程开工报审表及相关资料经总监理工程师签认并报送（　　）批准后，总监理工程师才能发出工程开工令。
   A. 监理单位　　　　　　　　　B. 建设单位
   C. 施工单位　　　　　　　　　D. 工程质量监督机构

4.【多选】根据《建设工程监理规范》(GB/T 50319—2013),项目监理机构对施工单位报送的施工组织设计审查的基本内容有( )。
   A. 编审程序是否符合相关规定
   B. 资源供应计划是否满足工程施工需要
   C. 工程质量保证措施是否符合施工合同要求
   D. 工程材料质量证明文件是否齐全有效
   E. 施工总平面布置是否科学合理

5.【多选】工程施工中,总监理工程师应及时签发工程暂停令的情形有( )。
   A. 建设单位要求暂停施工,经论证没必要暂停的
   B. 施工单位未按审查通过的工程设计文件施工的
   C. 施工单位拒绝项目监理机构管理的
   D. 施工单位违反工程建设强制性标准的
   E. 施工存在较大质量、安全事故隐患的

考点 11 工程质量监督内容【重要】

1.【单选】关于工程质量监督机构对建设工程质量责任主体行为监督的描述,错误的是( )。
   A. 监督建设单位等质量责任主体的质量管理体系是否健全
   B. 工程质量监督机构核查主要质量管理人员是否经过培训并考核合格
   C. 工程质量监督机构确认工程竣工验收报告等是否按规定备案
   D. 工程质量监督机构对工程实体质量直接负责

2.【多选】根据《建设工程质量管理条例》,工程质量监督机构在进行工程质量监督时,需要检查的内容包括( )。
   A. 建设单位等质量责任主体的质量行为是否符合法律法规及标准规定
   B. 质量责任主体是否依法办理了工程质量监督手续
   C. 主要质量管理人员是否接受了培训并考核合格
   D. 工程所用材料的采购程序是否合法
   E. 竣工验收报告等是否按规定备案

考点 12 工程质量监督程序【必会】

1.【单选】开工前,建设单位申请办理工程质量监督手续时,需提供的资料中不包括( )。
   A. 施工图设计文件审查报告和批准书
   B. 中标通知书和施工、监理合同
   C. 建设单位安全生产许可证
   D. 建设单位、施工单位和工程监理单位的项目负责人和机构组成

2.【单选】建设工程质量监督报告必须由( )签认,经审核同意并加盖单位公章后出具。
   A. 总监理工程师
   B. 工程质量监督负责人
   C. 建设单位项目负责人

D. 建设行政主管部负责人

3.【多选】建设单位在申请办理工程质量监督手续时，需提供的资料有（　　）。
A. 施工图设计文件审查报告和批准书
B. 中标通知书和施工、监理合同
C. 投标文件
D. 施工组织设计和监理规划
E. 建设单位、施工单位和工程监理单位的项目负责人组成

4.【多选】质量监督机构组织安排工程质量监督准备工作中，检查各方主体行为包括（　　）。
A. 审查参建各方的质量保证体系
B. 工程质量控制程序是否正确
C. 审查施工组织设计、监理规划的审批手续
D. 工程质量责任人到位情况是否符合规定
E. 核查工程参建各方主要管理人员资格

5.【单选】工程质量监督机构参加工程竣工验收的目的是（　　）。
A. 签发工程竣工验收意见
B. 对验收的组织形式、程序等进行重点监督
C. 对工程实体质量进行检查验收
D. 检查核实有关工程质量的文件和资料

6.【单选】在工程项目开工前，工程质量监督机构接受建设单位有关建设工程质量监督的申报手续，并对有关文件进行审查，审查合格后签发（　　）。
A. 工程质量监督文件
B. 施工许可证
C. 质量监督报告
D. 监督计划方案

考点 13　工程质量监督工作方式【重要】

1.【多选】工程质量监督机构通过核查工程参建各方主体的工程质量文件资料，来分析判断工程质量行为及工程实体质量情况。下列属于核查内容的有（　　）。
A. 工程审批手续
B. 企业资质证明文件
C. 施工日志
D. 隐蔽工程质量验收记录
E. 项目施工进度报告

2.【单选】在进行工程质量监督时，监督机构采用的随机抽查方式主要是检查（　　）。
A. 施工前的准备情况
B. 全部工程项目
C. 关键工点和工序、影响结构安全和使用功能的部位
D. 工程完工后的整体质量

第二节　工程项目管理组织与项目经理

■ 知识脉络

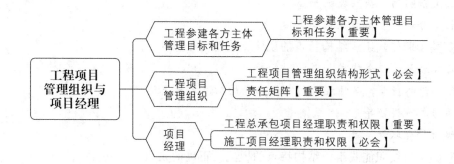

考点 1　工程参建各方主体管理目标和任务【重要】

1. 【单选】对业主而言，项目进度目标指的是（　　）。
   A. 交付使用的时间目标　　　　B. 竣工时间目标
   C. 移交时间目标　　　　　　　D. 竣工结算时间目标

2. 【单选】下列属于施工执行计划的内容是（　　）。
   A. 设计依据
   B. 施工进度计划
   C. 采购费用控制的主要目标
   D. 试运行文件编制要求

3. 【单选】采购执行计划的内容不包括（　　）。
   A. 采购工作范围和内容
   B. 特殊采购事项的处理原则
   C. 采购岗位设置及其主要职责
   D. 施工技术管理计划

4. 【单选】关于工程设计方项目管理的说法，错误的是（　　）。
   A. 工程设计直接影响建设质量
   B. 设计单位在施工过程中无须监督
   C. 工程设计涉及技术、经济因素
   D. 设计管理延伸到施工和竣工验收阶段

5. 【多选】下列选项中，属于工程施工方项目管理目标的有（　　）。
   A. 提高工程经济效益
   B. 保证施工质量
   C. 控制工程成本
   D. 控制施工进度
   E. 保障施工安全

考点 2 工程项目管理组织结构形式【必会】

1.【单选】工程项目管理组织机构采用直线式组织结构的主要优点是（　　）。
   A. 管理业务专门化，提高工程质量
   B. 部门间横向联系强，管理效率高
   C. 隶属关系明确，易实现统一指挥
   D. 集权与分权结合，管理机构灵活

2.【单选】关于职能式组织结构特点的说法，正确的是（　　）。
   A. 项目经理属于"全能式"人才
   B. 职能部门的指令，必须经过同层级领导的批准才能下达
   C. 容易形成多头领导
   D. 下级执行者职责清楚

3.【单选】关于直线职能式组织结构特点的说法，正确的是（　　）。
   A. 信息传递路径较短
   B. 容易形成多头领导
   C. 各职能部门间横向联系强
   D. 各职能部门职责清楚

4.【多选】某施工单位采用下图所示的组织结构形式，关于该组织结构形式的说法，正确的有（　　）。

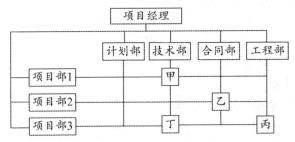

   A. 技术部可以对甲、乙、丙、丁直接下达指令
   B. 工程部可以对甲、乙、丙、丁直接下达指令
   C. 甲工作涉及的指令源有2个，即项目部1和技术部
   D. 该组织结构属于矩阵式
   E. 当该组织结构属于强矩阵时，乙绩效完全由项目部2中项目经理进行考核

5.【单选】某项目管理组织机构要求所有成员只对项目经理负责，项目经理全权负责该项目。该项目管理组织机构宜采用的组织形式是（　　）。
   A. 直线式   B. 强矩阵式
   C. 职能式   D. 弱矩阵式

考点 3 责任矩阵【重要】

1.【单选】下列有关责任矩阵的说法，正确的是（　　）。
   A. 编制责任矩阵的首要环节是列出参与项目管理的个人或职能部门名称
   B. 责任矩阵编制完成后不能调整
   C. 责任矩阵能清楚地显示各部门或个人的角色、职责和相互关系

D. 责任矩阵横向统计每个角色投入的总工作量

2.【单选】建立责任矩阵的编制程序的第一步是（ ）。
A. 以项目管理任务为行，以执行任务的个人或部门为列，画出纵横交叉的责任矩阵图
B. 列出参与项目管理及负责执行项目任务的个人或职能部门名称
C. 列出需要完成的项目管理任务
D. 检查各职能部门或人员的项目管理任务分配是否均衡适当

3.【单选】在责任矩阵图中，通常使用不同字母或符号来表示项目管理任务与执行者的责任关系，其中"P"通常代表（ ）。
A. 支持者或参与者　　　　　　　B. 审核者
C. 负责人　　　　　　　　　　　D. 协调者

考点 4　工程总承包项目经理职责和权限【重要】

【单选】关于工程总承包项目经理任职条件的说法，错误的是（ ）。
A. 取得工程建设类注册执业资格或高级专业技术职称
B. 具有良好的信誉
C. 具有至少五年的项目管理工作经验
D. 具备决策、组织、领导和沟通能力

考点 5　施工项目经理职责和权限【必会】

1.【单选】根据《建设工程施工项目经理岗位职业标准》（T/CCIAT 0010—2019），下列关于施工项目经理任职条件的描述，错误的是（ ）。
A. 施工项目经理应具备相应的工程建设类职业资格和安全生产考核合格证书
B. 施工项目经理需要有较强的身体素质和遵守职业道德的良好品行
C. 施工项目经理仅需具备工程技术知识，不必了解管理、经济、法律法规及信息化知识
D. 施工项目经理应具备组织、指挥、协调与沟通的能力

2.【多选】根据《建设工程施工项目经理岗位职业标准》（T/CCIAT 0010—2019），下列属于施工方项目经理职责的有（ ）。
A. 参与编制和落实项目管理实施规划
B. 主持工地例会
C. 参与工程竣工验收
D. 确保项目建设资金的落实到位
E. 受企业委托选择分包单位

3.【多选】根据《建设工程施工项目经理岗位职业标准》（T/CCIAT 0010—2019），下列属于施工方项目经理权限的有（ ）。
A. 主持项目的投标工作
B. 参与分包合同和供货合同签订
C. 组织制定项目经理部管理制度
D. 参与组建项目经理部
E. 参与项目经理部工作

第三节　工程项目管理规划与动态控制

■ 知识脉络

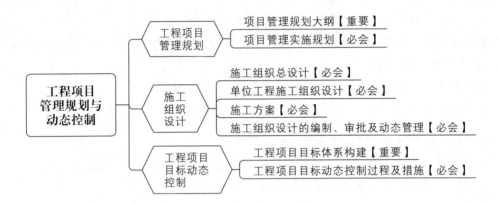

考点 1　项目管理规划大纲【重要】

1. 【单选】根据《建设工程项目管理规范》(GB/T 50326—2017)，在项目管理规划大纲编制程序中，首先需要（　　）。

   A. 确定项目管理目标

   B. 明确项目需求和项目管理范围

   C. 分析项目实施条件，进行项目工作结构分解

   D. 编制项目资源计划

2. 【单选】根据《建设工程项目管理规范》(GB/T 50326—2017)，项目管理规划包括项目管理规划大纲和（　　）两类文件。

   A. 项目管理计划　　　　　　　　　　B. 项目管理实施细则

   C. 项目管理操作规划　　　　　　　　D. 项目管理实施规划

3. 【单选】根据《建设工程项目管理规范》(GB/T 50326—2017)，项目管理规划大纲的编制工作包括：①分析项目实施条件，进行项目工作结构分解；②确定项目管理组织模式、组织结构和职责分工；③明确项目需求和项目管理范围；④规定项目管理措施；⑤编制项目资源计划；⑥报送审批；⑦确定项目管理目标。正确的编制程序是（　　）。

   A. ①→②→⑦→④→③→⑤→⑥

   B. ①→②→⑦→⑤→③→④→⑥

   C. ③→⑦→①→②→④→⑤→⑥

   D. ②→①→⑦→④→⑤→③→⑥

考点 2　项目管理实施规划【必会】

1. 【单选】编制项目管理实施规划程序的第一步是（　　）。

   A. 分析项目条件和环境　　　　　　　B. 熟悉相关法规和文件

   C. 履行报批手续　　　　　　　　　　D. 了解相关方的要求

2. 【单选】根据《建设工程项目管理规范》(GB/T 50326—2017),项目管理实施规划的编制工作包括:①分析项目特点和环境条件;②熟悉相关的法规和文件;③了解相关方的要求;④履行报批手续;⑤实施编制活动。正确的工作程序是( )。
   A. ①→②→③→④→⑤ B. ①→③→②→⑤→④
   C. ③→①→②→⑤→④ D. ③→②→①→⑤→④

考点 3 施工组织总设计【必会】

1. 【多选】施工总进度计划是施工组织总设计的主要组成部分,编制施工总进度计划的主要程序有( )。
   A. 确定总体施工准备条件
   B. 计算工程量
   C. 确定各单位工程施工期限
   D. 确定各单位工程的开竣工时间和相互搭接关系
   E. 确定主要施工方法

2. 【单选】根据施工总进度计划进行施工总平面布置时,办公区、生活区和生产区宜( )。
   A. 分离设置
   B. 集中布置
   C. 充分利用既有建筑物和既有设施,增加生活区临时配套设施
   D. 建在红线下

3. 【多选】施工组织设计的编制依据包括( )。
   A. 施工合同文件
   B. 工程设计文件
   C. 工程建设有关法律法规
   D. 施工单位机具设备状况
   E. 施工总平面布置

4. 【多选】施工组织总设计的主要内容包括( )。
   A. 总体施工部署
   B. 施工总进度计划
   C. 施工方法及工艺要求
   D. 总体施工准备
   E. 施工总平面布置

考点 4 单位工程施工组织设计【必会】

1. 【多选】在单位工程施工组织设计中,资源配置计划包括( )。
   A. 劳动力配置计划
   B. 主要周转材料配置计划
   C. 监理人员配置计划
   D. 主要工程材料和设备配置计划
   E. 计量、测量和检验仪器配置计划

2. 【单选】编制单位工程施工进度计划时,确定工作项目持续时间需要考虑每班工人数量,限定每班工人数量上限的因素是( )。
   A. 工作项目工程量
   B. 最小劳动组合
   C. 人工产量定额
   D. 最小工作面

3. 【单选】单位工程施工进度计划的编制工作包括：①计算工程量；②划分工作项目；③确定施工顺序；④计算劳动量和机械台班数。正确的程序是（　　）。
   A. ①→②→③→④ B. ②→③→①→④
   C. ①→③→②→④ D. ①→④→③→②

考点 5　施工方案【必会】

【多选】施工方案的主要内容包括（　　）。
   A. 施工部署 B. 施工进度计划
   C. 施工准备与资源配置计划 D. 施工安排
   E. 主要施工方法

考点 6　施工组织设计的编制、审批及动态管理【必会】

1. 【单选】根据《建筑施工组织设计规范》（GB/T 50502—2009），下列说法正确的是（　　）。
   A. 施工组织总设计应由总承包单位技术负责人编制
   B. 单位工程施工组织设计应由施工单位技术负责人主持编制
   C. 施工组织设计的三个层次是指施工总平面图、施工总进度计划和资源需求计划
   D. 单位工程施工组织设计中的施工部署不包括施工现场平面布置

2. 【单选】重点、难点分部（分项）工程和专项工程施工方案应由施工单位技术部门组织相关专家评审，（　　）批准。
   A. 施工单位技术负责人 B. 项目负责人
   C. 项目技术负责人 D. 总承包单位技术负责人

3. 【单选】根据《建筑施工组织设计规范》（GB/T 50502—2009），专业承包工程的施工方案由（　　）审批。
   A. 施工总承包单位技术负责人或其授权的技术人员
   B. 施工总承包项目技术负责人或其授权的技术人员
   C. 专业承包单位技术负责人或其授权的技术人员
   D. 专业承包项目技术负责人或其授权的技术人员

4. 【多选】施工组织设计应及时进行修改或补充的情形有（　　）。
   A. 某房屋建筑项目的机电系统进行大调整
   B. 因规范调整需要对工程进行检查验收
   C. 因自然灾害导致某在建项目工期严重滞后
   D. 因造价原因需要对某房屋建筑的电梯品牌及参数进行修改
   E. 某在建工程施工场地变化造成现场布置和施工方式改变

考点 7　工程项目目标体系构建【重要】

1. 【单选】在工程项目总目标的分析论证过程中，必须遵循的原则是（　　）。
   A. 仅进行定量分析
   B. 优先考虑工程成本目标
   C. 确保工程建设强制性标准得到满足
   D. 所有工程项目的优先等级都相同

2. 【多选】工程项目目标体系是有效控制施工项目目标的基本前提，也是工程项目管理是否成功的重要判据。下列有关说法中正确的有（   ）。

   A. 确保工程质量、施工安全、绿色施工及环境管理目标符合工程建设强制性标准
   B. 定性分析与定量分析相结合，其中质量目标采用定性分析方法
   C. 不同标段目标属于按项目组成分解的目标
   D. 公路项目目标可按项目组成分解为桥梁工程目标、隧道工程目标、道路工程目标
   E. 工程项目的进度、质量、成本目标的优先顺序固定不变

考点 8　工程项目目标动态控制过程及措施【必会】

1. 【单选】在工程项目目标动态控制过程中，属于组织措施的是（   ）。

   A. 编制项目管理规划
   B. 明确岗位职责分工
   C. 改进施工方法和施工工艺
   D. 进行技术经济分析

2. 【单选】下列项目目标动态控制的纠偏措施中，属于合同措施的是（   ）。

   A. 建立健全组织机构和规章制度
   B. 合理处置工程变更和利用好施工索赔
   C. 采用工程网络计划技术进行动态控制
   D. 对工程变更方案进行技术经济分析

3. 【单选】下列项目目标动态控制的纠偏措施中，属于技术措施的是（   ）。

   A. 建立施工项目目标控制工作考评机制
   B. 对施工承包风险的应对体现在投标报价中
   C. 编制施工组织设计、施工方案并对其技术可行性进行审查、论证
   D. 明确施工责任成本

4. 【多选】下列目标控制措施中，属于经济措施的有（   ）。

   A. 完善施工成本节约奖励措施
   B. 建立动态控制过程中的激励机制
   C. 对工程变更方案进行技术经济分析
   D. 选择合理的承发包模式和合同计价方式
   E. 及时办理工程价款结算和支付手续

PART 2 第二章
建设工程项目管理相关体系标准

学习计划：

扫码做题
熟能生巧

只要功夫深
铁杵磨成针

PART

2

第一节 质量、环境、职业健康安全管理体系

■ 知识脉络

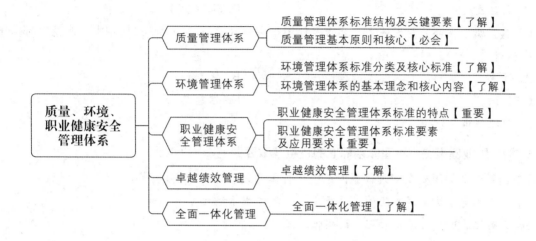

考点 1　质量管理体系标准结构及关键要素【了解】

【单选】在质量管理体系中,组织通常对（　　）进行策划,并使其在受控条件下运行,以实现增值目的。

A. 组织机构　　　　　　　　　　　B. 程序
C. 过程　　　　　　　　　　　　　D. 资源

考点 2　质量管理基本原则和核心【必会】

1．【多选】根据《质量管理体系标准　基础和术语》（GB/T 19000—2016）,质量管理原则具体内容包括（　　）。

A. 以顾客为关注焦点
B. 循证决策
C. 全员积极参与
D. 关系管理
E. 全要素控制

2．【单选】将活动作为相互关联、功能连贯的过程组成的体系来理解和管理时,可以更加有效和高效地得到一致的、可预知的结果。这体现了质量管理中的（　　）原则。

A. 领导作用　　　　　　　　　　　B. 全员积极参与
C. 过程方法　　　　　　　　　　　D. 循证决策

考点 3　环境管理体系标准分类及核心标准【了解】

【多选】环境管理体系标准按体系标准性质分类,可分为（　　）。

A. 组织评价标准　　　　　　　　　B. 术语标准

C. 管理标准

D. 产品评价标准

E. 技术标准

考点 4　环境管理体系的基本理念和核心内容【了解】

1. 【单选】下列选项中，不是环境管理体系基本理念的是（　　）。

   A. 持续改进
   B. 法律合规
   C. 利益最大化
   D. 风险管理

2. 【多选】属于《环境管理体系　要求及使用指南》（GB/T 24001—2016）中"支持"部分的内容有（　　）。

   A. 资源
   B. 能力
   C. 意识
   D. 信息交流
   E. 管理评审

考点 5　职业健康安全管理体系标准的特点【重要】

【单选】职业健康安全管理体系的系统化管理通过（　　）实现。

A. 组织职责系统化、风险管控系统化、管理过程系统化
B. 法制化管理、规范化管理、适用性广泛
C. 自愿原则、与其他管理体系兼容、应用的灵活性
D. 预防为主、持续改进、法制化管理

考点 6　职业健康安全管理体系标准要素及应用要求【重要】

1. 【单选】根据《职业健康安全管理体系　要求及使用指南》（GB/T 45001—2020）中对职业健康安全方针的要求，描述正确的是（　　）。

   A. 职业健康安全方针不需要最高管理者建立
   B. 职业健康安全方针无需实施和保持
   C. 职业健康安全方针仅由中层管理者负责建立
   D. 最高管理者应建立、实施并保持职业健康安全方针

2. 【单选】属于《职业健康安全管理体系　要求及使用指南》（GB/T 45001—2020）中"运行"部分的内容是（　　）。

   A. 管理评审
   B. 危险源辨识
   C. 理解组织及其所处的环境
   D. 应急准备和响应

考点 7　卓越绩效管理【了解】

1. 【单选】实施卓越绩效管理已成为各国提升企业竞争力，以及组织自身实现持续改进、保持并不断增强竞争优势的（　　）。

   A. 可选途径
   B. 有效途径
   C. 主要途径
   D. 唯一途径

2. 【多选】根据《卓越绩效评价准则》（GB/T 19580—2012），属于组织运行方法和技术层面的基本理念的有（　　）。

   A. 远见卓识的领导

B. 重视过程与关注结果

C. 学习、改进与创新

D. 合作共赢

E. 系统管理

3.【多选】(　　) 构成"过程结果"三角，强调如何充分调动组织中人的积极性和能动性。

A. 战略
B. 顾客与市场
C. 资源
D. 过程管理
E. 结果

考点 8　全面一体化管理【了解】

1.【单选】关于全面一体化管理的概念，描述正确的是 (　　)。

A. 仅指依据质量、环境、职业健康安全三大标准建立的一体化管理体系

B. 只强调追求卓越绩效管理，而非整合其他管理要求

C. 是组织在所有领域以质量、环境、职业健康安全为核心的管理途径

D. 对组织管理体系没有基本要求，仅作为提高效率的辅助工具

2.【单选】建筑企业在建立全面一体化管理体系前必须具备的条件之一是 (　　)。

A. 完成所有细节流程的编排

B. 初步确定了方针目标

C. 组织内部进行全员培训

D. 完成所有项目的验收

3.【单选】在企业新建立管理体系时，管理体系文件通常按 (　　) 的顺序进行编制。

A. 程序文件、管理手册、工作指导书、记录

B. 管理手册、记录、程序文件、工作指导书

C. 管理手册、程序文件、工作指导书、记录

D. 记录、程序文件、管理手册、工作指导书

4.【多选】全面一体化管理体系文件的编制原则包括 (　　)。

A. 系统协调原则
B. 合理优化原则
C. 操作可行原则
D. 证实检查原则
E. 经济效益最大化原则

第二节　风险管理与社会责任管理体系

■ 知识脉络

考点 1　风险管理体系【重要】

1. 【单选】根据《风险管理　指南》(GB/T 24353—2022)，风险管理"三轮"中的原则轮的核心是（　　）。
   A. 整合
   B. 创造和保护价值
   C. 领导作用与承诺
   D. 持续改进

2. 【单选】在风险管理过程中，（　　）的目的是发现、确认和描述可能有助于或妨碍组织实现目标的风险。
   A. 风险识别　　　　　　　　　　　　B. 风险分析
   C. 风险评价　　　　　　　　　　　　D. 风险应对

考点 2　社会责任管理体系【了解】

1. 【单选】下列不属于《社会责任指南》(GB/T 36000—2015) 所强调的社会责任原则的是（　　）。
   A. 尊重国际行为规范
   B. 市场经济原则
   C. 合乎道德的行为
   D. 尊重法治

2. 【多选】根据《社会责任报告编写指南》(GB/T 36001—2015)，社会责任报告编写和发布宜遵循的原则包括（　　）。
   A. 完整全面　　　　　　　　　　　　B. 客观准确
   C. 及时可比　　　　　　　　　　　　D. 易读易懂
   E. 对外宣传

3. 【单选】ESG 衡量的三个维度不包括（　　）。
   A. 环境　　　　　　　　　　　　　　B. 社会
   C. 治理　　　　　　　　　　　　　　D. 经济

4. 【单选】（　　）不是社会责任与 ESG 相似之处。
   A. 都强调企业应超越传统财务目标
   B. 都关注企业与所有利益相关方的关系
   C. 都侧重于企业发展理念的体现
   D. 都关注环境、社会等具体内容

5. 【多选】关于社会责任与 ESG 的描述中，正确的有（　　）。
   A. 两者都强调超越财务或利润目标
   B. 两者在企业内部通常由不同部门落实
   C. 社会责任更加注重企业发展理念或价值导向的体现
   D. ESG 更注重反映企业在环境、社会和公司治理方面的具体实效
   E. 两者在对外信息披露时采取完全不同的渠道和方式

第三节　项目管理标准体系

知识脉络

考点 1　项目管理标准及价值交付【了解】

1. 【单选】我国《建设工程项目管理规范》(GB/T 50326—2017)规定，企业应遵循的动态管理原理是（　　）。
   A. 计划、实施、检查、行动
   B. 策划、实施、检查、处置
   C. 启动、策划、执行、收尾
   D. 计划、执行、监控、调整

2. 【单选】关于价值交付系统的说法，正确的是（　　）。
   A. 价值交付系统只包括项目组合和项目群
   B. 组织治理体系与价值交付系统无关
   C. 项目环境对项目价值交付没有影响
   D. 项目价值交付需要人们有效地履行相关职能来实现

考点 2　项目群与项目组合管理【重要】

1. 【单选】关于项目群管理先决条件的描述，不正确的是（　　）。
   A. 项目群管理必要性评估，宜考虑整合其他相关工作能力和适应变化的能力
   B. 项目群管理一致性要求，项目群管理应与组织的治理保持一致性，忽视战略依据和关系
   C. 项目群角色和责任划分，高层管理人员应分配和确定项目群管理角色、职责和权限
   D. 在组织层面进行合理性分析时，应考虑需求、风险、收益和所需资源

2. 【单选】根据《项目、项目群和项目组合管理　项目群管理指南》(GB/T 41246—2022)，项目群管理的收益包括内部和外部两种类型，以下属于外部项目群收益的是（　　）。
   A. 提高项目执行效率　　　　　　　B. 降低项目群整体风险
   C. 实现组织战略或运营目标　　　　D. 优化资源分配

3. 【多选】在项目组合管理中，关于项目组合能力与限制的描述，正确的有（　　）。
   A. 项目组合能力是指组织通过资源利用来实现其战略目标的能力
   B. 决策者应判断项目组合中的某项工作是否能完成
   C. 项目组合限制只来自组织内部
   D. 组织应对内部限制进行控制
   E. 对于外部限制，组织可以选择影响、遵守或采取应对措施

4. 【单选】项目组合的结构最少可以由（　　）项目组合组件构成。

　　A. 一项　　　　　　　　　　　　B. 两项

　　C. 三项　　　　　　　　　　　　D. 四项

PART 3 第三章
建设工程招标投标与合同管理

学习计划：

扫码做题
熟能生巧

业精于勤 荒于嬉

第一节　工程招标与投标

知识脉络

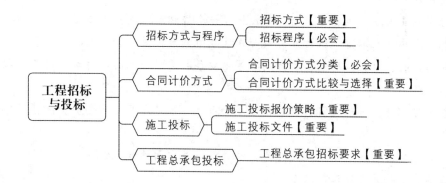

考点 1　招标方式【重要】

1.【单选】下列关于邀请招标的特点的说法中，不正确的是（　　）。
   A. 应当向3个以上的潜在投标人发出投标邀请书
   B. 只有接受投标邀请书的法人或者其他组织才可以参加投标竞争
   C. 招标人以邀请书的方式发出投标邀请
   D. 招标人以招标公告的方式发出投标邀请

2.【单选】关于公开招标特点的说法，正确的是（　　）。
   A. 属于限制性招标　　　　　　　　　B. 招标费用较低
   C. 准备招标评标的工作量小　　　　　D. 评标的工作量大

3.【多选】邀请招标与公开招标相比，具有（　　）等优点。
   A. 竞争更激烈
   B. 不需设置资格预审程序
   C. 节省招标费用
   D. 节省招标时间
   E. 减少承包方违约的风险

考点 2　招标程序【必会】

1.【单选】国家发展改革委等九部委发布的《简明标准施工招标文件》适用于工期不超过（　　）个月，且技术相对简单的小型项目。
   A. 6　　　　　　　　　　　　　　　B. 12
   C. 18　　　　　　　　　　　　　　 D. 24

2.【多选】施工招标准备工作主要包括（　　）。
   A. 组建招标组织
   B. 进行招标策划
   C. 编制资格预审文件和招标文件
   D. 发布招标公告或发出投标邀请书

E. 组织现场踏勘

3. 【多选】下列关于签订合同的说法，错误的有（　　）。
   A. 招标人和中标人应在确定中标人之日起30日内，根据招标文件和中标人的投标文件订立书面合同
   B. 招标人最迟应在书面合同签订后5日内向中标人和未中标的投标人退还投标保证金及银行同期存款利息
   C. 中标人无正当理由拒签合同的，其投标保证金经招标人同意可以退还
   D. 招标人和中标人不得再行订立背离合同实质性内容的其他协议
   E. 合同的标的、价款、质量、履行期限等主要条款应当与招标文件和中标人的投标文件的内容一致

4. 【单选】根据《评标委员会和评标方法暂行规定》，下列关于评标委员会的说法中，错误的是（　　）。
   A. 评标委员会由招标单位代表及有关技术、经济等方面的专家组成
   B. 评标委员会成员应为5人以上单数
   C. 评标委员会成员中，技术、经济等方面的专家不得少于成员总数的2/3
   D. 评标委员会的专家成员由招标人直接确定

5. 【单选】根据《中华人民共和国招标投标法实施条例》，潜在投标人对资格预审文件有异议的，应在提交资格预审文件截止时间（　　）日前向招标人提出。
   A. 7　　　　　　　　　　　　　　B. 5
   C. 3　　　　　　　　　　　　　　D. 2

6. 【单选】根据《中华人民共和国招标投标法实施条例》，下列项目的资格预审文件中，招标人应组建资格审查委员会进行审查的是（　　）。
   A. 无法精确拟定技术规格的项目
   B. 所有依法必须招标的项目
   C. 国际金融机构贷款项目
   D. 国有资金占控股的依法必须进行招标的项目

7. 【单选】根据《标准施工招标文件》，招标人应按（　　）中说明的时间和地点召开投标预备会。
   A. 招标公告　　　　　　　　　　B. 投标人须知前附表
   C. 资格预审公告　　　　　　　　D. 投标邀请书

8. 【单选】根据《中华人民共和国招标投标法》，建设项目施工招标中，确定评标委员会专家的方式是（　　）。
   A. 从专家库中抽取，并经政府主管部门批准
   B. 经招标机构推荐，由招标监管部门认定
   C. 经评标委员会主席推荐，由招标人批准
   D. 从专家库中随机抽取或由招标人直接确定

9. 【多选】根据《标准施工招标文件》，施工招标文件初步评审环节应审查的内容有（　　）。
   A. 程序评审　　　　　　　　　　B. 形式评审

C. 响应性评审 D. 资格评审

E. 报价评审

10. 【单选】根据《标准施工招标文件》，施工评标办法应在（ ）中明确规定。

A. 招标文件 B. 招标公告

C. 资格预审文件 D. 资格预审公告

考点 3 合同计价方式分类【必会】

1. 【单选】采用单价合同时，最后工程结算的总价是根据（ ）计算确定的。

A. 发包人提供的清单工程量及承包方所填报的单价

B. 实际完成工程量乘以该子项的合同单价

C. 发包人提供的清单工程量及承包方实际发生的单价

D. 实际完成并经工程师计量的工程量及承包人实际发生的单价

2. 【多选】当采用可调单价合同时，合同中可以约定合同单价调整的情况有（ ）。

A. 业主资金不到位

B. 实际工程量的变化超过一定比例

C. 承包商自身成本发生较大的变化

D. 市场价格变化达到一定程度

E. 国家政策发生变化

3. 【多选】一般情况下，固定总价合同适用的情形有（ ）。

A. 工程规模较小、技术不太复杂的中小型工程

B. 工程量小、工期较短

C. 抢险、救灾工程

D. 招标时已有施工图设计文件，施工任务和发包范围明确

E. 实施过程中发生各种不可预见因素较多

4. 【多选】可调总价合同中，约定的合同价款常用的调价方法有（ ）。

A. 文件证明法 B. 横道图法

C. 票据价格调整法 D. 因素分析法

E. 公式调价法

5. 【单选】不能激励承包人努力降低成本和缩短工期的合同形式是（ ）。

A. 目标成本加奖罚合同

B. 成本加浮动酬金合同

C. 成本加固定酬金合同

D. 成本加固定百分比酬金合同

6. 【多选】下列关于成本加酬金合同的说法，正确的有（ ）。

A. 成本加固定百分比酬金合同签订时简单易行

B. 成本加固定酬金合同，建设单位不能激励施工单位缩短工期和降低成本

C. 成本加浮动酬金合同，准确地估算作为奖罚标准的预期成本较为困难

D. 目标成本加奖罚合同，有利于鼓励施工单位降低成本和缩短工期，双方都不会承担太大风险

E. 目标成本加奖罚合同以百分比形式约定基本酬金和奖罚酬金

7.【多选】在成本加酬金合同的类型中,有利于鼓励施工单位降低成本和缩短工期,并且建设单位和施工单位都不会承担太大风险的有（   ）。

A. 成本加固定百分比酬金合同

B. 成本加固定酬金合同

C. 成本加浮动酬金合同

D. 目标成本加奖罚合同

E. 可调总价合同

考点 4 合同计价方式比较与选择【重要】

1.【单选】下列不同计价方式的合同中,施工承包单位风险大,建设单位容易进行造价控制的是（   ）。

A. 单价合同 B. 成本加浮动酬金合同

C. 总价合同 D. 成本加百分比酬金合同

2.【单选】下列不同计价方式的合同中,施工承包单位承担造价控制风险最小的合同是（   ）。

A. 成本加浮动酬金合同 B. 单价合同

C. 成本加固定酬金合同 D. 总价合同

3.【单选】紧急工程（如灾后恢复工程）由于工期紧迫,通常采用的合同计价方式是（   ）。

A. 固定总价合同 B. 单价合同

C. 成本加酬金合同 D. 目标成本合同

考点 5 施工投标报价策略【重要】

1.【多选】施工投标采用不平衡报价法时,可以适当提高报价的项目有（   ）。

A. 工程内容说明不清楚的项目

B. 暂定项目中必定要施工的不分标项目

C. 单价与包干混合制合同中采用包干报价的项目

D. 综合单价分析表中的材料费项目

E. 预计开工后工程量会减少的项目

2.【多选】下列关于不平衡报价法的说法,正确的有（   ）。

A. 前期措施费、基础工程、土石方工程等,可以适当降低报价

B. 预计今后工程量会增加的项目,适当提高单价

C. 工程内容说明不清楚的,则可降低一些单价

D. 投标时可将单价分析表中的人工费及机械设备费报得高一些,而材料费报得低一些

E. 单价与包干混合制合同中,招标人要求有些项目采用包干报价时,宜报低价

3.【单选】招标人在施工招标文件中规定了暂定金额的分项内容和暂定总价款时,投标人可采用的报价策略是（   ）。

A. 适当提高暂定金额分项内容的单价

B. 适当减少暂定金额中的分项工程量

C. 适当降低暂定金额分项内容的单价

D. 适当增加暂定金额中的分项工程量

4. 【单选】在施工投标报价策略中，如果施工单位打算采用突然降价法，需要具备（　　）。

A. 强大的资金实力

B. 严密的成本控制

C. 全面掌握和分析信息的能力

D. 高效的施工队伍

5. 【单选】下列情形中不适宜采用多方案报价法的是（　　）。

A. 工程范围不明确

B. 条款不清楚或不公正

C. 设计图纸不明确

D. 技术规范要求过于苛刻

考点 6　施工投标文件【重要】

1. 【多选】施工投标文件通常包括（　　）内容。

A. 技术标书

B. 商务标书

C. 投标函及其他有关文件

D. 投标邀请书

E. 投标人须知前附表

2. 【单选】施工投标文件编制完成后，关于投标文件校对的说法，正确的是（　　）。

A. 工程总报价无须进行多次校对

B. 合理化建议至少由两人各自分别校对一遍

C. 校对完后无需交由相关负责人审核

D. 校对仅需关注文字表述，不必检查页码错误

考点 7　工程总承包招标要求【重要】

1. 【多选】根据《标准设计施工总承包招标文件》，工程总承包招标文件的组成包括（　　）。

A. 投标邀请书　　　　　　　　B. 投标人须知

C. 资格审查办法　　　　　　　D. 图纸

E. 发包人要求

2. 【单选】招标人按照投标人须知前附表要求，对于符合招标文件规定的未中标人的设计成果给予补偿。关于该设计成果使用的说法，正确的是（　　）。

A. 招标人应保护未中标人知识产权且不得使用其设计成果

B. 招标人有权免费使用未中标人的设计成果

C. 应由中标人与未中标人协商使用其设计成果的许可和费用

D. 中标人应邀请未中标人加入其设计团队并使用未中标人的设计成果

第二节 工程合同管理

■ 知识脉络

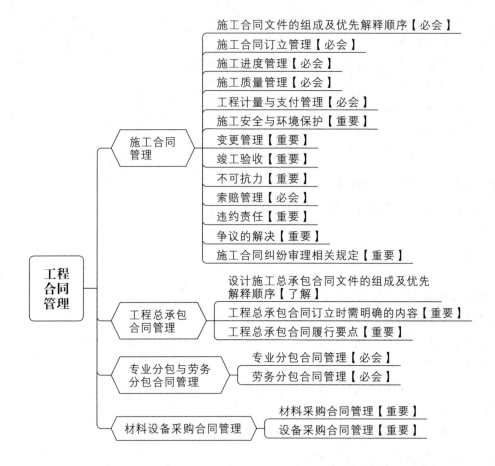

考点 1　施工合同文件的组成及优先解释顺序【必会】

1.【单选】根据《标准施工招标文件》规定的合同文件解释顺序，排在投标函及其附录之前的是（　　）。
   A. 招标文件　　　　　　　　　　　B. 专用合同
   C. 合同协议书　　　　　　　　　　D. 中标通知书

2.【单选】根据《标准施工招标文件》，除专用条款另有约定外，下列合同文件中拥有最优先解释权的是（　　）。
   A. 通用合同条款　　　　　　　　　B. 投标函及投标函附录
   C. 技术标准和要求　　　　　　　　D. 中标通知书

3.【单选】下列合同文件中，属于《标准施工招标文件》中施工合同文本的合同文件。在专用条款没有另行约定的情况下，其正确的解释次序是（　　）。
   A. 中标通知书、专用合同条款、通用合同条款、合同协议书

B. 合同协议书、通用合同条款、专用合同条款、中标通知书
C. 合同协议书、中标通知书、专用合同条款、通用合同条款
D. 中标通知书、合同协议书、专用合同条款、通用合同条款

考点 2　施工合同订立管理【必会】

1.【多选】根据《标准施工招标文件》，下列工作中，属于发包人的责任和义务的有（　　）。
   A. 提供施工场地的地下管线和地下设施等资料
   B. 负责施工现场的环境保护工作
   C. 编制施工环保措施计划
   D. 应负责修建、维修、养护和管理施工所需的临时道路
   E. 组织设计单位进行设计交底

2.【单选】根据《标准施工合同文件》中的通用合同条款，承包人应在施工过程中负责管理施工控制网点，并在（　　）后将其移交发包人。
   A. 工程缺陷责任期届满　　　　　　B. 工程竣工
   C. 工程竣工后验收合格　　　　　　D. 工程最终结算

3.【单选】根据《标准施工招标文件》，下列属于承包人的一般义务的是（　　）。
   A. 负责施工现场内交通道路和临时工程
   B. 组织设计交底
   C. 支付合同价款
   D. 协助承包人办理证件和批件

4.【单选】根据《标准施工招标文件》，监理人应在开工日期（　　）天前向承包人发出开工通知。
   A. 7　　　　　　　　　　　　　　B. 10
   C. 14　　　　　　　　　　　　　　D. 28

考点 3　施工进度管理【必会】

1.【多选】在合同履行过程中，因（　　）导致工期延误和（或）费用增加的，由发包人承担由此延误的工期和（或）增加的费用，且发包人应支付承包人合理的利润。
   A. 分包商或供货商延误　　　　　　B. 提供图纸延误
   C. 发包人迟延提供材料、工程设备　D. 因发包人原因导致的暂停施工
   E. 未按合同约定及时支付预付款、进度款

2.【单选】根据《标准施工招标文件》，合同工期应自（　　）载明的开工日起计算。
   A. 发包人发出的中标通知书
   B. 监理人发出的开工通知
   C. 合同双方签订的合同协议书
   D. 监理人批准的施工进度计划

3.【单选】根据《标准施工招标文件》，施工工期自（　　）起计算。
   A. 开工通知中载明的开工日期
   B. 合同订立后的 28 天

C. 合同生效后的 7 天

D. 发包人支付工程预付款后 3 天

4. 【单选】下列暂停施工情形中，不属于承包人应承担责任的是（   ）。

A. 业主方提供设计图纸延误造成的工程施工暂停

B. 为保障钢结构构件进场，暂停进场线路上的结构施工

C. 未及时发放劳务工工资造成的工程施工暂停

D. 迎接地方安全检查造成的工程施工暂停

考点 4　施工质量管理【必会】

1. 【多选】根据《标准施工招标文件》中的通用合同条款，对于发包人负责提供的材料和工程设备，承包人应完成的工作内容有（   ）。

A. 提交材料和工程设备的质量证明文件

B. 根据合同计划安排，向监理人报送要求发包人交货的日期计划

C. 会同监理人在约定的时间和交货地点共同进行验收

D. 运输、保管材料和工程设备

E. 支付材料和工程设备合同价款

2. 【单选】根据《标准施工招标文件》，关于监理人对质量检验和试验的说法，正确的是（   ）。

A. 监理人收到承包人共同检验的通知，未按时参加检验，承包人单独检验，该检验无效

B. 监理人对承包人的检验结果有疑问，要求承包人重新检验时，由监理人和第三方检测机构共同进行

C. 监理人对承包人已覆盖的隐蔽工程部分质量有疑问时，有权要求承包人对已覆盖的部位进行揭开重新检验

D. 重新检验结果证明质量符合合同要求的，因此增加的费用由发包人和监理人共同承担

3. 【单选】某隐蔽工程施工结束后，承包人未通知监理人检查即自行隐蔽，后又遵照监理人的指示进行剥离并共同检验，确认该隐蔽工程的施工质量满足合同要求。关于工期和费用处理的说法，正确的是（   ）。

A. 工期延误和费用损失均由发包人承担

B. 给承包人顺延工期，但不补偿费用

C. 工期延误和费用损失均由承包人承担

D. 给承包人补偿费用，但不顺延工期

考点 5　工程计量与支付管理【必会】

1. 【多选】根据《建设工程工程量清单计价规范》（GB 50500—2013），关于预付款的说法，正确的有（   ）。

A. 包工包料工程的预付款支付比例不得低于签约合同价的 10%

B. 发包人应在工程开工前的 28 天内预付不低于当年施工进度计划的安全文明施工费总额的 60%

C. 预付款保函的担保金额应与预付款金额相同

D. 预付款保函的担保金额可根据预付款扣回的金额相应递减

E. 预付款扣完后的 15 天内将预付款保函退还给承包人

2. 【单选】根据《财政部 住房城乡建设部关于完善建设工程价款结算有关办法的通知》（财建〔2022〕183 号），政府机关、事业单位、国有企业建设工程进度款支付应不低于已完成工程价款的（　　）。

A. 70%　　　　　　　　　　　　　B. 80%

C. 85%　　　　　　　　　　　　　D. 90%

3. 【单选】根据《建设工程工程量清单计价规范》（GB 50500—2013），包工包料工程的预付款支付比例应（　　）。

A. 不得低于签约合同价（扣除暂列金额）的 5%，不宜高于签约合同价（扣除暂列金额）的 20%

B. 不得低于签约合同价（扣除暂列金额）的 10%，不宜高于签约合同价（扣除暂列金额）的 30%

C. 不得低于签约合同价（扣除暂列金额）的 15%，不宜高于签约合同价（扣除暂列金额）的 40%

D. 不得低于签约合同价（扣除暂列金额）的 20%，不宜高于签约合同价（扣除暂列金额）的 50%

4. 【单选】根据《建设工程工程量清单计价规范》，（GB 50500—2013），发包人应在工程开工后的 28 天内预付不低于当年施工进度计划的安全文明施工费总额的（　　）。

A. 50%　　　　　　　　　　　　　B. 90%

C. 60%　　　　　　　　　　　　　D. 100%

考点 6　施工安全与环境保护【重要】

1. 【多选】根据《标准施工招标文件》，承包人的施工安全责任有（　　）。

A. 赔偿工程对土地占用所造成的第三者财产损失

B. 编制施工安全措施计划

C. 制定施工安全操作规程

D. 配备必要的安全生产和劳动保护措施

E. 赔偿施工现场所有人员工伤事故损失

2. 【单选】关于承包人的环境保护责任，说法正确的是（　　）。

A. 施工环保措施计划无需报送监理人审批

B. 承包人对施工废弃物处理无任何责任

C. 承包人需对堆放施工废弃物造成的环境影响负责

D. 承包人不必对饮用水源进行定期监测

考点 7　变更管理【重要】

1. 【单选】根据《标准施工招标文件》中的通用合同条款，关于变更意向书及变更指示发出主体的说法，正确的是（　　）。

A. 可以由发包人发出　　　　　　　B. 只能由监理人发出

C. 可以由承包人发出 D. 只能由发包人发出

2. 【单选】工程施工过程中，对于变更工作的单价在已标价工程量清单中无适用或类似子目时，可由监理人按照（ ）的原则商定或确定。

A. 成本加酬金
B. 成本加利润
C. 成本加规费
D. 直接成本加间接成本

3. 【单选】根据《标准施工招标文件》，不属于工程变更范围的是（ ）。

A. 为完成工程需要追加的额外工作
B. 改变合同工程的基线、标高、位置或尺寸
C. 取消合同中任何一项工作，并将该工作转由他人实施
D. 改变合同中任何一项工作的质量或其他特性

4. 【单选】根据《标准施工招标文件》，关于施工合同变更权和变更程序的说法，正确的是（ ）。

A. 发包人可以直接向承包人发出变更意向书
B. 承包人书面报告发包人后，可根据实际情况对工程进行变更
C. 承包人根据合同约定，可以向监理人提出书面变更建议
D. 监理人应在收到承包人书面建议后30天内作出变更指示

5. 【多选】根据《标准施工招标文件》，监理人发出的变更指示应包括的内容有（ ）。

A. 变更目的
B. 变更范围
C. 变更程序
D. 变更内容
E. 变更的工程量

6. 【单选】某土方工程招标文件中清单工程量为2万立方米，合同约定：土方工程综合单价为83元/立方米，当实际工程量增加超过15%时，超过15%以上部分的工程量综合单价调整为80元/立方米。经监理人确认的实际工程量为2.7万立方米，该土方工程结算金额为（ ）万元。

A. 216.0
B. 222.9
C. 222.0
D. 224.1

7. 【多选】根据《建设工程工程量清单计价规范》（GB 50500—2013），采用计日工计价的任何一项变更工作，承包人应按合同约定提交监理人审批的资料有（ ）。

A. 投入该工作施工设备型号、台数和耗用台时
B. 工作名称、内容和数量
C. 投入该工作的所有人员的姓名、专业、工种、级别和耗用工时
D. 不同工种计日工单价的调整方法和理由
E. 投入该工作的材料类别和数量

考点 8 竣工验收【重要】

1. 【单选】根据《标准施工招标文件》，除专用合同条款另有约定外，（ ）应按专用合同条款约定进行工程及工程设备试运行，（ ）承担全部试运行费用。

A. 发包人；承包人
B. 监理人；发包人
C. 监理人；承包人
D. 承包人；承包人

2.【单选】根据《标准施工招标文件》，工程实际竣工日期应以（　　）日期为准。
   A. 工程接收证书颁发
   B. 组织工程竣工验收
   C. 提交竣工验收申请报告
   D. 工程验收证书签发

3.【单选】根据《标准施工招标文件》，工程接收证书颁发后产生的竣工清场费用应由（　　）承担。
   A. 承包人
   B. 发包人
   C. 监理人
   D. 主管部门

4.【单选】工程接收证书颁发后的（　　）天内，除了经监理人同意需在缺陷责任期内继续工作和使用的人员外，其余的人员均应撤离施工场地或拆除。
   A. 28
   B. 30
   C. 56
   D. 60

考点 9　不可抗力【重要】

1.【多选】《建设工程施工合同》规定了施工中出现不可抗力事件时双方的承担方法。下列属于不可抗力事件发生后，承包方承担的风险范围的有（　　）。
   A. 运至施工现场待安装设备的损害
   B. 承包人机械设备的损坏
   C. 停工期间，承包人应工程师要求留在施工场地的必要管理人员的费用
   D. 施工人员的伤亡费用
   E. 工程所需要的修复费用

2.【多选】根据《标准施工招标文件》中的通用合同条款规定，因不可抗力造成的损失，由发包人承担的有（　　）。
   A. 永久工程的损失
   B. 施工设备损坏
   C. 承包人的停工损失
   D. 施工场地的材料和工程设备的损害
   E. 承包人的人员伤亡损失

考点 10　索赔管理【必会】

1.【多选】根据《标准施工招标文件》，下列索赔事件中，只可补偿工期、费用，不可补偿利润的有（　　）。
   A. 因发包人原因，工程暂停后无法按时复工
   B. 施工中发现文物、古迹
   C. 发包人提供的测量基准点、基准线和水准点及其他基准资料错误
   D. 发包人要求向承包人提前交货
   E. 监理人未按合同约定发出指示、指示延误或指示错误

2. 【单选】根据《标准施工招标文件》，下列情形中，承包人可以索赔利润的是（　　）。
   A. 监理人未按合同约定发出指示、指示延误或指示错误
   B. 承包人遇不利物质条件
   C. 因发包人原因，暂停施工后无法按时复工
   D. 出现专用合同条款规定的异常恶劣气候条件，导致工期延误

3. 【单选】根据《建设工程施工合同（示范文本）》，承包人应在发出索赔意向通知书后（　　）天内，向监理人正式递交索赔通知书。
   A. 7　　　　　　　　　　　　　　　B. 28
   C. 14　　　　　　　　　　　　　　　D. 21

4. 【单选】根据《标准施工招标文件》，关于承包人提出索赔期限的说法，正确的是（　　）。
   A. 承包人接受竣工付款证书后，仍有权提出在工程接收证书颁发前发生的索赔
   B. 承包人提交的最终结清申请单中，只限于提出工程接收证书颁发后发生的索赔
   C. 承包人接受竣工付款证书后，无权提出在工程接收证书颁发后发生的索赔
   D. 承包人提交的最终结清申请单中，只限于提出工程接收证书颁发前发生的索赔

考点 11　违约责任【重要】

1. 【单选】发生承包人违反合同约定的情况时，下列处理方法中正确的是（　　）。
   A. 发包人应向承包人发出整改通知，承包人仍不纠正违法行为时，发包人可向承包人发出解除合同通知
   B. 发包人应向承包人发出整改通知，承包人仍不纠正违法行为时，监理人可向承包人发出解除合同通知
   C. 监理人应向承包人发出整改通知，承包人仍不纠正违法行为时，发包人可向承包人发出解除合同通知
   D. 监理人应向承包人发出整改通知，承包人仍不纠正违法行为时，监理人可向承包人发出解除合同通知

2. 【多选】下列属于发包人违约的情形有（　　）。
   A. 发包人未能按合同约定支付预付款或合同价款
   B. 监理人无正当理由未在约定期限内发出复工指示
   C. 承包人由于自身原因导致工程质量问题
   D. 发包人无法继续履行合同
   E. 发包人原因造成停工

考点 12　争议的解决【重要】

【单选】根据《标准施工招标文件》，下列关于争议的解决方式的说法，正确的是（　　）。
   A. 争议评审组由经济、技术层面的专家组成
   B. 双方接受评审意见的，由监理人拟定协议，经双方签字后遵照执行
   C. 双方不接受评审意见的，收到评审意见后7天内将仲裁或起诉意向书面通知另一方
   D. 仲裁或诉讼结束前应暂按专业监理工程师的确定执行

考点 13 施工合同纠纷审理相关规定【重要】

【单选】下列关于施工合同纠纷审理相关规定的说法，正确的是（　　）。
A. 由于承包人原因导致开工时间推迟的，以实际进场施工时间为开工日期
B. 发包人拖延验收，以承包人提交验收报告之日为竣工日期
C. 因发包人原因未按约定期限进行竣工验收，未约定返还质量保证金期限的，以承包人提交工程竣工验收报告 60 日后满 2 年返还质量保证金
D. 当双方订立数份无效合同时，且工程质量合格，参照最后签订的合同折价补偿承包人

考点 14 设计施工总承包合同文件的组成及优先解释顺序【了解】

1. 【单选】根据《标准设计施工总承包招标文件》，组成合同的文件有：①发包人要求；②价格清单；③通用合同条款。仅就上述合同文件而言，正确的优先解释顺序是（　　）。
A. ①→②→③ B. ③→②→① C. ③→①→② D. ②→③→①

2. 【多选】根据《标准设计施工总承包招标文件》，"发包人要求"中的"功能要求"所包含的内容有（　　）。
A. 工程目的   B. 工程规模
C. 性能保证指标 D. 产能保证指标
E. 项目实施方案

考点 15 工程总承包合同订立时需明确的内容【重要】

1. 【单选】根据《标准设计施工总承包招标文件》，"承包人文件"中最主要的文件是（　　）。
A. 设计文件   B. 施工组织设计
C. 价格清单   D. 承包人建议书

2. 【单选】某设计施工总承包合同规定采用有条件补偿条款。下列关于"发包人要求"中存在的错误导致承包人受到的损失承担的说法，不正确的是（　　）。
A. 只有当承包人复核时发现了该错误，才能由发包人承担
B. 如承包人复核时未发现该错误，则由承包人承担
C. 原始数据错误复核时未发现，则由承包人承担
D. 检验标准错误复核时未发现，则由发包人承担

考点 16 工程总承包合同履行要点【重要】

1. 【单选】在设计施工总承包合同模式下，关于设计审查的说法，正确的是（　　）。
A. 审查期限届满，发包人没有做出审查结论也没有提出异议，视为设计文件未获同意
B. 审查后认为设计文件不符合合同约定，则承包人提交修改后的设计文件后，审查期限继续计算
C. 设计文件需政府有关部门审查或批准的，承包人应在发包人审查同意设计文件后 7 天内，向政府有关部门报送设计文件
D. 因国家有关部门审批迟延造成费用增加和（或）工期延误，由发包人承担

2. 【单选】承包人应提前（　　）天将申请竣工试验的通知送达监理人。监理人应在（　　）天内确定竣工试验的具体时间。
A. 7；14   B. 21；14

C. 14；21 D. 14；7

3. 【单选】根据《标准设计施工总承包招标文件》，自监理人收到承包人的设计文件之日起，对设计文件的审查期限不超过（ ）天。

   A. 21 B. 28
   C. 42 D. 56

考点 17　专业分包合同管理【必会】

1. 【单选】根据《建设工程施工专业分包合同（示范文本）》（GF—2003—0213），下列合同文件中，优先解释权在分包人的投标函及报价书之后的是（ ）。

   A. 通用合同条款
   B. 专用合同条款
   C. 除总包合同工程价款之外的总包合同文件
   D. 中标通知书

2. 【单选】根据《建设工程施工专业分包合同（示范文本）》（GF—2003—0213），下列说法中正确的是（ ）。

   A. 专业分包人应按规定办理有关施工噪声排放的手续，并承担由此发生的费用
   B. 承包人应提供总包合同（包括承包工程的价格）供分包人查阅
   C. 专业分包人只有在承包人发出指令后，允许发包人授权的人员在工作时间进入分包工程施工场地
   D. 分包人不能以任何理由直接致函发包人

3. 【单选】根据《建设工程施工专业包合同（示范文本）》（GF—2003—0213），承包人应提供总包合同供分包人查阅，但可以不包括其中有关（ ）。

   A. 承包工程的质量要求
   B. 承包工程的安全要求
   C. 违约责任的条款
   D. 承包工程的价格内容

4. 【单选】根据《建设工程施工专业分包合同（示范文本）》（GF—2003—2013），关于施工专业分包的说法，正确的是（ ）。

   A. 专业分包人应按规定办理有关施工噪声的手续，并承担由此发生的费用
   B. 专业分包人只有在承包人发出指令后，允许发包人授权的人员在工作时间内进入分包工程施工场地
   C. 分包工程合同价款与总包合同相应部分价款没有连带关系
   D. 分包人接受发包人或工程师（监理人）的指令

5. 【单选】根据《建设工程施工专业分包合同（示范文本）》（GF—2003—2013），关于专业分包工程计量与工程款支付的说法，不正确的是（ ）。

   A. 分包合同价款与总包合同相应部分价款无任何连带关系
   B. 一周内非分包人原因停水、停电、停气造成停工累计超过8小时可调价
   C. 承包人接到已完工程量报告后7天内自行计量或报经监理人计量
   D. 承包人计量前48小时通知分包人配合计量

考点 18　劳务分包合同管理【必会】

1. 【单选】根据《建设工程施工劳务分包合同（示范文本）》(GF—2003—0214)，下列合同规定的相关义务中，属于劳务分包人义务的是（　　）。
   A. 组建项目管理班子
   B. 完成施工计划相应的劳动力安排计划
   C. 负责编制施工组织设计
   D. 负责工程测量定位和沉降观测

2. 【多选】根据《建设工程施工劳务分包合同（示范文本）》(GF—2003—0214)，在劳务分包人施工前，工程承包人应完成的工作有（　　）。
   A. 向劳务分包人提供相应的工程资料
   B. 向劳务分包人支付劳动报酬
   C. 为劳务分包人中从事危险作业的职工购买意外伤害保险
   D. 向劳务分包人提供生产、生活临时设施
   E. 交付具备劳务作业开工条件的施工场地

3. 【单选】根据《建设工程施工劳务分包合同（示范文本）》(GF—2003—0214)，某工程承包人租赁一台起重机提供给劳务分包人使用，则该起重机的保险应由（　　）。
   A. 工程承包人办理并支付保险费用
   B. 劳务分包人办理并支付保险费用
   C. 工程承包人办理，但由劳务分包人支付保险费用
   D. 劳务分包人办理，但由工程承包人支付保险费用

4. 【单选】根据《建设工程施工劳务分包合同（示范文本）》(GF—2003—0214)，下列关于劳务作业计量与支付的说法，正确的是（　　）。
   A. 约定不同工种劳务的计时单价时，每月上报确认的工时
   B. 承包人收到结算资料后 14 天内核实
   C. 全部工作完成，经承包人认可后 7 天内，劳务分包人提交完整结算资料
   D. 约定不同工作成果的计件单价时，每周上报确认的工程量

考点 19　材料采购合同管理【重要】

1. 【单选】根据《标准材料采购招标文件》中的通用合同条款，因卖方未能按时交付合同约定的材料时，每延迟交货 1 天，应向买方支付延迟交付材料金额（　　）的违约金。
   A. 0.08%　　　　　　　　　　　　B. 0.5%
   C. 0.8%　　　　　　　　　　　　D. 1.0%

2. 【单选】下列关于材料采购合同管理的说法，不正确的是（　　）。
   A. 买方审核质量保证期届满证书无误后 28 日内，向卖方支付合同价格 5% 的结清款
   B. 履约保证金自合同生效之日起生效，在合同材料验收证书或进度款支付函签署之日起 28 日后失效
   C. 迟延交付违约金的最高限额为合同价格的 10%
   D. 卖方对材料进行包装，买方需要将包装物退还给卖方

3. 【单选】根据《标准材料采购招标文件》中的通用合同条款，若供货周期不超过 12 个月，

通常采用的签约合同价形式是（　　）。
A. 变动价格　　　　　　　　　　　B. 固定价格
C. 折扣价格　　　　　　　　　　　D. 浮动价格

考点 20　设备采购合同管理【重要】

1.【单选】根据《标准设备采购招标文件》，买卖双方可约定合同设备的所有权和风险转移的界面为（　　）。
A. 装在设备制造厂的运输工具上　　B. 施工场地设备安装部位
C. 运至施工场地运输工具的车面　　D. 施工场地的安装作业面

2.【多选】关于设备采购合同中质量保证期规定的描述，正确的有（　　）。
A. 合同设备整体质量保证期为验收之日起12个月
B. 合同设备在质量保证期内出现故障时，卖方应无条件维修或更换
C. 关键部件的质量保证期可在专用合同条款中约定
D. 质量保证期届满后，买方需出具质量保证期届满证书
E. 更换的合同设备和（或）关键部件的质量保证期不再计算

3.【单选】卖方应在合同设备预计启运前（　　）日前将合同设备的名称、数量、总毛重等相关信息预通知买方。
A. 3　　　　　　B. 5　　　　　　C. 7　　　　　　D. 10

4.【单选】根据《标准设备采购招标文件》，卖方未能按时交付合同设备的，应向买方支付迟延交付违约金。从迟交的第一周到第四周，每周迟延交付违约金为迟交合同设备价格的（　　）。
A. 1%　　　　　B. 0.5%　　　　C. 1.5%　　　　D. 10%

第三节　工程承包风险管理及担保保险

知识脉络

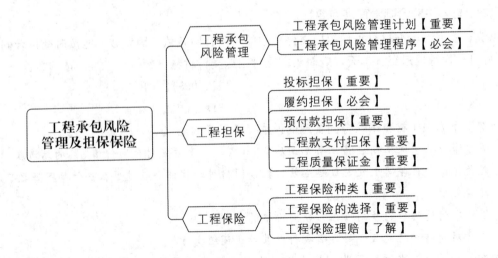

考点 1 工程承包风险管理计划【重要】

1.【单选】根据《建设工程项目管理规范》(GB/T 50326—2017),项目管理机构应在( )时确定项目风险管理计划。
   A. 项目汇报 B. 项目管理策划
   C. 施工过程 D. 工程结算

2.【单选】项目风险管理计划的编制依据不包括( )。
   A. 施工合同 B. 风险评估报告
   C. 施工项目范围说明 D. 项目管理机构风险管理制度

3.【单选】若需要在实施过程中调整项目风险管理计划,则该调整必须经过( )批准后方可实施。
   A. 项目经理 B. 工程承包单位授权人
   C. 业主 D. 设计师

考点 2 工程承包风险管理程序【必会】

1.【单选】关于风险评价的说法,正确的是( )。
   A. 风险等级为小的风险因素是可忽略的风险
   B. 风险等级为中等的风险因素是可接受风险
   C. 风险等级为大的风险因素是不可接受风险
   D. 风险等级为很大的风险因素是不希望有的风险

2.【单选】下列风险等级图中,风险量大致相等的是( )。

   A. ①、②、③ B. ②、④、⑥
   C. ①、⑤、⑨ D. ③、⑤、⑦

3.【单选】某投标人在内部投标评审会中发现招标人公布的招标控制价不合理,因此决定放弃此次投标,该风险应对策略为( )。
   A. 风险减轻 B. 风险规避
   C. 风险自留 D. 风险转移

4.【单选】工程承包风险管理工作包括:①施工风险应对;②施工风险评估;③施工风险识别;④施工风险监控。其正确的流程是( )。
   A. ③→②→④→① B. ②→③→④→①
   C. ③→②→①→④ D. ①→③→②→④

考点 3 投标担保【重要】

1.【单选】建设工程招标程序中,投标保证金可以不予退还的情况是( )。
   A. 投标人在投标函中规定的投标期内撤销其投标
   B. 投标人在投标截止日前撤回其投标

C. 投标保证金的有效期短于投标有效期

   D. 未中标的投标人未按规定的时间收回投标保证金

2. 【单选】建设工程招标投标过程中，投标保证金将被没收的情形是（   ）。

   A. 投标人的投标报价明显低于其实际成本

   B. 投标人的资格文件中有虚假材料并导致废标

   C. 投标人在投标有效期内要求撤销其投标文件

   D. 投标人在投标截止日前撤回其投标

3. 【多选】投标担保的作用有（   ）。

   A. 保护招标人不因中标人不签约而蒙受经济损失

   B. 促进承包商履行合同约定

   C. 确保投标人在投标有效期内不撤销投标文件

   D. 确保工程费用及时支付到位

   E. 投标人在中标后保证与业主签订合同并提供业主要求的其他担保

4. 【单选】根据《中华人民共和国招标投标法实施条例》，对某3000万元投资概算的工程项目进行招标时，施工投标保证金额度符合规定的是（   ）人民币。

   A. 170万元   B. 50万元

   C. 100万元   D. 120万元

考点 4　履约担保【必会】

1. 【单选】下列关于履约保证金的说法，正确的是（   ）。

   A. 招标文件不应要求中标人提交履约保证金

   B. 履约保证金不得高于工程结算总额的10%

   C. 发包人应在工程接收证书颁发后28天内将履约担保退还给承包人

   D. 履约保证金不得超过中标合同金额的20%

2. 【多选】招标人在招标文件中要求中标的投标人提交保证履行合同义务和责任的担保，其形式有（   ）。

   A. 履约保证金   B. 履约担保书

   C. 银行履约保函   D. 投标保函

   E. 保兑支票

考点 5　预付款担保【重要】

1. 【单选】用于保证承包人能够按合同规定进行施工，合理使用发包人已支付的全部预付金额的工程担保是（   ）。

   A. 支付担保   B. 预付款担保

   C. 投标担保   D. 履约担保

2. 【单选】下列工程担保中，担保金额在担保有效期内可以逐步减少的是（   ）。

   A. 投标担保   B. 履约担保

   C. 支付担保   D. 预付款担保

考点 6　工程款支付担保【重要】

1.【单选】根据《建设工程施工合同（示范文本）》（GF—2017—0201），发包人要求承包人提供履约担保的，发包人应当同时向承包人提供（　　）。
   A. 抵押担保　　　　　　　　　B. 工程款支付担保
   C. 保证金　　　　　　　　　　D. 预付款担保

2.【单选】下列工程担保中，应由发包人出具的是（　　）。
   A. 工程款支付担保　　　　　　B. 履约担保
   C. 预付款担保　　　　　　　　D. 保修担保

考点 7　工程质量保证金【重要】

【单选】根据《建设工程施工合同（示范文本）》（GF—2017—0201），发包人累计扣留的质量保证金不得超过工程价款结算总额的（　　）。
   A. 2%　　　　　　　　　　　　B. 5%
   C. 10%　　　　　　　　　　　D. 3%

考点 8　工程保险种类【重要】

1.【多选】建筑工程一切险中，承担保险责任的范围包括（　　）。
   A. 错误设计引起的费用　　　　B. 火灾
   C. 工艺不善造成的事故　　　　D. 技术人员过失造成的事故
   E. 盗窃

2.【多选】建筑工程一切险中，保险人对（　　）原因造成的损失不负责赔偿。
   A. 设计错误引起的损失和费用
   B. 因原材料缺陷或工艺不善引起的保险财产本身的损失以及为换置、修理或矫正这些缺点错误所支付的费用
   C. 外力引起的机械或电气装置的本身损失
   D. 货物盘点时发现的短缺
   E. 除非另有约定，在保险工程开始以前已经存在或形成的位于工地范围内或其周围的属于被保险人的财产的损失

考点 9　工程保险的选择【重要】

1.【单选】决定保险成本的最主要因素是（　　）。
   A. 服务质量　　　　　　　　　B. 安全可靠性
   C. 保险费率　　　　　　　　　D. 赔付金额

2.【单选】下列有关工程保险选择和保险理赔的说法，不正确的是（　　）。
   A. 决定保险成本的最主要因素是保险费率
   B. 投保人选择保险人时需要考虑的重要因素是保险人的安全可靠性
   C. 保险人进行赔偿的必要前提条件是保险事故报案
   D. 确定赔偿金额的关键工作是理算

考点 10　工程保险理赔【了解】

1. 【单选】工程保险理赔过程中，如果一个项目由多家保险公司同时承保，理赔时保险人需要（　　）。
   A. 单独承担全部责任　　　　　　　　B. 按比例分担赔偿责任
   C. 先由投保人垫付赔偿金　　　　　　D. 等待其他保险公司先行赔付

2. 【单选】在进行保险索赔时，以下（　　）不是必须提供的索赔证明。
   A. 保险单　　　　　　　　　　　　　B. 工程承包合同
   C. 施工日志　　　　　　　　　　　　D. 事故检验人出具的鉴定报告

PART 4 第四章 建设工程进度管理

学习计划：

扫码做题
熟能生巧

行成于思　毁于随

第一节 工程进度影响因素与进度计划系统

■ 知识脉络

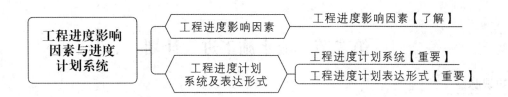

考点 1　工程进度影响因素【了解】

1.【多选】下列影响施工进度的因素中,属于施工单位自身因素影响的有(　　)。
　　A. 有关协作部门协作配合不够　　　B. 施工安全措施不当
　　C. 有关部门提出各种申请审批手续的延误　　D. 其他单位邻近工程的施工干扰
　　E. 特殊材料及新材料的不合理使用

2.【单选】在施工进度管理过程中,如果遭遇建设资金不到位导致不能及时支付工程款,这属于(　　)影响因素。
　　A. 施工单位自身因素　　　　　　　B. 建设单位原因
　　C. 社会环境因素　　　　　　　　　D. 自然条件影响

考点 2　工程进度计划系统【重要】

1.【单选】建设工程施工进度计划系统中,用来确定各单位工程及全工地性工程的施工期限及开竣工日期,进而确定各类资源、设备、设施数量及能源、交通需求量的进度计划是(　　)。
　　A. 施工总进度计划　　　　　　　　B. 单位工程施工进度计划
　　C. 施工准备工作计划　　　　　　　D. 分部分项工程进度计划

2.【单选】关于分部分项工程进度计划的说法,不正确的是(　　)。
　　A. 分部分项工程进度计划是为了保证单位工程施工进度计划的顺利实施
　　B. 针对工程量较大或施工技术比较复杂的工程进行编制
　　C. 分部分项工程进度计划是对分部分项工程各施工过程作出时间上的安排
　　D. 分部分项工程进度计划是为了保证总工期的缩短

考点 3　工程进度计划表达形式【重要】

1.【多选】与横道计划相比,工程网络计划的优点有(　　)。
　　A. 能够直观表示各项工作的进度安排
　　B. 能够明确表达各项工作之间的先后顺序
　　C. 可以明确各项工作的机动时间
　　D. 可以找出关键线路和关键工作

E. 可以形象表达各项工作之间的搭接关系

2.【单选】关于横道图进度计划的说法,正确的是（　　）。

A. 不能反映各项工作之间的相互联系

B. 有利于施工进度控制中抓主要矛盾,确保施工总进度目标的实现

C. 能够明确表达各项工作之间的先后顺序关系

D. 形象、直观、被广泛应用

第二节　流水施工进度计划

■ 知识脉络

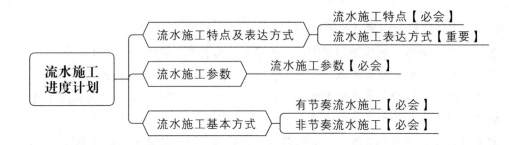

考点 1　流水施工特点【必会】

1.【单选】下列选项中,属于依次施工方式特点的是（　　）。

A. 充分地利用工作面进行施工,工期短

B. 如果由一个工作队完成全部施工任务,则不能实现专业化施工,不利于提高劳动生产率和工程质量

C. 施工现场的组织管理比较复杂

D. 单位时间内投入的劳动力、施工机具、材料等资源较多,有利于资源供应的组织

2.【单选】下列选项中,属于平行施工特点的是（　　）。

A. 工期最长

B. 施工现场组织和管理比较简单

C. 单位时间内劳动力、施工机具、材料等资源需求成倍增加

D. 为施工现场的文明施工和科学管理创造了有利条件

3.【单选】在下列施工组织方式中,施工现场的组织、管理比较简单的组织方式是（　　）。

A. 平行施工　　　　　　　　　　　B. 依次施工

C. 搭接施工　　　　　　　　　　　D. 流水施工

4.【多选】与依次施工、平行施工方式相比,流水施工方式的特点有（　　）。

A. 施工现场组织管理简单

B. 有利于实现专业化施工

C. 相邻专业工作队之间能够最大限度地进行搭接作业

D. 单位时间内投入的资源量较为均衡

E. 施工工期最短

考点 2　流水施工表达方式【重要】

1. 【单选】下列选项中，属于流水施工的垂直图表示法优点的是（　　）。
   A. 比横道图更能广泛用于工程实践中
   B. 时间和空间状况形象直观
   C. 施工过程及其先后顺序表达不够清楚
   D. 斜向进度线的斜率不能直观地表示出各施工过程的进展速度

2. 【单选】在流水施工中，更适合铁路、公路、地铁等线性工程的进度规划的图表表示法是（　　）。
   A. 网络图　　　　　　　　　　　B. 流水施工横道图
   C. 流水施工垂直图　　　　　　　D. 柱状图

3. 【单选】流水施工垂直图中，斜向进度线的斜率变化能直观反映（　　）。
   A. 各施工段的长度　　　　　　　B. 施工材料的消耗速度
   C. 各施工过程的进展速度　　　　D. 工程总造价的变化

考点 3　流水施工参数【必会】

1. 【单选】建设工程组织流水施工时，用来表达流水施工在施工工艺方面进展状态的参数是（　　）。
   A. 流水强度和施工过程　　　　　B. 流水节拍和施工段
   C. 工作面和施工过程　　　　　　D. 流水步距和施工段

2. 【多选】下列流水施工参数中，属于空间参数的有（　　）。
   A. 流水步距　　　　　　　　　　B. 工作面
   C. 流水强度　　　　　　　　　　D. 施工过程
   E. 施工段

3. 【多选】下列各类参数中，属于流水施工参数的有（　　）。
   A. 工艺参数　　　　　　　　　　B. 定额参数
   C. 空间参数　　　　　　　　　　D. 时间参数
   E. 机械参数

4. 【单选】流水施工参数中，流水步距的含义是（　　）。
   A. 两个相邻专业工作队相继开始施工的最小间隔时间
   B. 两个相邻施工段相继开始施工的最小间隔时间
   C. 两个相邻施工过程之间因组织安排需要增加的间隔等待时间
   D. 两个相邻施工段之间因工艺安排需要增加的间隔等待时间

考点 4　有节奏流水施工【必会】

1. 【单选】某工程有 3 个施工过程，分 4 个施工段组织固定节拍流水施工，流水节拍为 4 天，该工程存在 1 天提前插入时间、2 天工艺间歇时间，则流水施工工期为（　　）天。
   A. 25　　　　　　　　　　　　　B. 26
   C. 27　　　　　　　　　　　　　D. 28

2. 【多选】建设工程组织固定节拍流水施工的特点有（　　）。
   A. 专业工作队数等于施工过程数　　　　B. 施工过程数等于施工段数
   C. 各施工段上的流水节拍相等　　　　　D. 有的施工段之间可能有空闲时间
   E. 相邻施工过程的流水步距相等

3. 【单选】某分部工程有3个施工过程，各分为4个流水节拍相等的施工段，各施工过程的流水节拍分别为6天、4天、4天。如果组织加快的成倍节拍流水施工，则专业工作队数和流水施工工期分别为（　　）。
   A. 3个和20天　　　　　　　　　　　　B. 4个和25天
   C. 5个和24天　　　　　　　　　　　　D. 7个和20天

4. 【单选】某固定节拍流水施工，有4个施工过程，3个施工段，流水节拍为3天，其中，施工过程Ⅲ提前插入1天，造成施工过程Ⅱ和施工过程Ⅲ组织搭接1天，该流水施工总工期为（　　）天。
   A. 18　　　　　　　　　　　　　　　　B. 17
   C. 16　　　　　　　　　　　　　　　　D. 15

5. 【单选】某工程划分为3个施工过程和4个施工段，组织加快的成倍节拍流水施工，流水节拍分别为4天、6天和4天，则需要派出（　　）个专业工作队。
   A. 7　　　　　　　　　　　　　　　　B. 6
   C. 4　　　　　　　　　　　　　　　　D. 3

6. 【单选】已知某基础工程由开挖、垫层、砌基础和回填夯实4个施工过程组成，按平面划分为4个施工段顺序施工，各施工过程的流水节拍分别为12天、4天、10天和6天，按等步距异节奏组织流水施工的工期为（　　）天。
   A. 38　　　　　　　　　　　　　　　　B. 40
   C. 56　　　　　　　　　　　　　　　　D. 128

7. 【单选】某工程划分为4个施工过程、5个施工段组织固定节拍流水施工，流水节拍为3天，累计间歇时间为1天，累计提前插入时间为2天，该工程流水施工工期为（　　）天。
   A. 23　　　　　　　　　　　　　　　　B. 25
   C. 26　　　　　　　　　　　　　　　　D. 27

考点 5　非节奏流水施工【必会】

1. 【多选】建设工程组织非节奏流水施工的特点有（　　）。
   A. 流水步距等于流水节拍的最大公约数　　B. 各施工段的流水节拍不全相等
   C. 专业工作队数等于施工过程数　　　　　D. 相邻施工过程的流水步距相等
   E. 有的施工段之间可能有空闲时间

2. 【单选】某分部工程有3个施工过程，分为4个施工段组织流水施工。各施工过程的流水节拍分别为3天、5天、4天、3天，3天、4天、4天、2天和4天、3天、3天、4天，则流水施工工期为（　　）天。
   A. 20　　　　　　　　　　　　　　　　B. 21
   C. 22　　　　　　　　　　　　　　　　D. 23

第三节 工程网络计划技术

■ 知识脉络

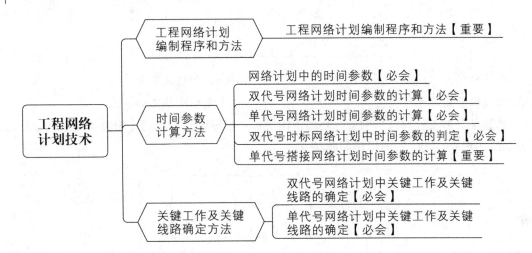

考点 1　工程网络计划编制程序和方法【重要】

1. 【多选】在工程网络计划的编制程序中，属于计划编制准备阶段的有（　　）。
   A. 调查研究
   B. 确定网络计划目标
   C. 绘制网络图
   D. 计算时间参数
   E. 编制正式网络计划

2. 【单选】关于双代号网络图绘制规则的说法，正确的是（　　）。
   A. 箭线不能交叉
   B. 关键工作必须安排在图画中心
   C. 只有一个起点节点
   D. 工作箭线只能用水平线

3. 【单选】某工程双代号网络图如下图所示，存在的绘图错误是（　　）。

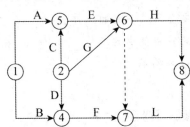

   A. 多个起点节点　　　　　　　　B. 多个终点节点
   C. 节点编号有误　　　　　　　　D. 存在循环回路

4. 【单选】根据《工程网络计划技术规程》(JGJ/T 121—2015)，如下图所示的网络图存在的绘图错误是（　　）。

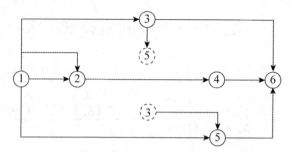

A. 编号相同的工作 B. 多个起点节点
C. 相同的节点编号 D. 无箭尾节点的箭线

5.【单选】某分部工程双代号网络计划如下图所示，根据下表给定的逻辑关系和双代号网络计划的绘图规则，其绘图的错误问题是（　　）。

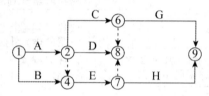

工作名称	A	B	C	D	E	G	H
紧前工作			A	A	A	A、B	C	E

A. 节点编号不对
B. 逻辑关系不对
C. 有多个起点节点
D. 有多个终点节点

6.【单选】在工程网络计划编制程序中，确定关键工作和关键线路的操作阶段属于（　　）。

A. 计划编制准备阶段
B. 网络图绘制阶段
C. 时间参数计算阶段
D. 网络计划优化阶段

7.【多选】工程网络计划工期优化过程中，在选择缩短持续时间的关键工作时应考虑的因素有（　　）。

A. 持续时间最长的工作
B. 缩短持续时间对质量和安全影响不大的工作
C. 缩短持续时间所需增加的费用最少的工作
D. 缩短持续时间对综合效益影响不大的工作
E. 有充足备用资源的工作

考点 2　网络计划中的时间参数【必会】

1.【单选】关于总时差 TF 与自由时差 FF 的关系式中，一定成立的是（　　）。

A. $TF=FF$ B. $TF>FF$
C. $TF<FF$ D. $TF \geqslant FF$

2. 【单选】在工程网络计划中，如果某项工作的拖延时间超过其自由时差但没有超过总时差，则（　　）。
   A. 该项工作的延误会影响工程总工期
   B. 该项工作会变成关键工作
   C. 该项工作使其紧后工作不能按最早时间开始
   D. 该项工作对后续工作及工程总工期无影响

3. 【单选】下列关于最迟完成时间的描述，正确的是（　　）。
   A. 在不影响整个任务按期完成的前提下，工作 i-j 必须完成的最早时刻
   B. 在不影响整个任务按期完成的前提下，工作 i-j 必须完成的最迟时刻
   C. 在不影响紧后工作的前提下，工作 i-j 必须完成的最迟时刻
   D. 在不影响紧后工作的前提下，工作 i-j 必须完成的最早时刻

考点 3　双代号网络计划时间参数的计算【必会】

1. 【单选】某工程网络计划如下图所示（单位：天），工作 D 的最迟开始时间是第（　　）天。

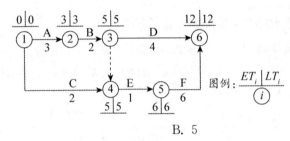

   A. 3　　　　　　　　　　　　B. 5
   C. 8　　　　　　　　　　　　D. 6

2. 【单选】某工作持续时间 2 天，有两项紧前工作和三项紧后工作，紧前工作的最早开始时间分别是第 3 天、第 6 天（计算坐标系），对应的持续时间分别是 5 天、1 天；紧后工作的最早开始时间分别是第 15 天、第 17 天、第 19 天，对应的总时差分别是 3 天、2 天、0 天。该工作的总时差是（　　）天。
   A. 9　　　　　　　　　　　　B. 10
   C. 8　　　　　　　　　　　　D. 13

3. 【单选】某双代号网络计划如下图所示（单位：天），则工作 E 的自由时差为（　　）天。

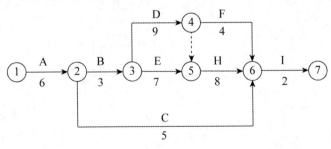

   A. 15　　　　　　　　　　　　B. 2
   C. 4　　　　　　　　　　　　D. 0

4.【单选】某工程双代号网络计划如下图所示（单位：天），其计算工期是（　　）天。

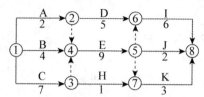

A. 11
B. 13
C. 15
D. 22

5.【多选】某工程网络计划中，工作 N 的自由时差为 5 天，计划执行过程中检查发现，工作 N 的工作时间延后了 3 天，其他工作均正常，此时（　　）。

A. 工作 N 的总时差不变，自由时差减少 3 天
B. 总工期不会延长
C. 工作 N 的总时差减少 3 天
D. 工作 N 的最早完成时间推迟 3 天
E. 工作 N 将会影响紧后工作

考点 4 单代号网络计划时间参数的计算【必会】

1.【单选】某工程网络计划中，工作 N 的持续时间是 1 天，最早从第 14 天上班时刻开始，工作 N 的三个紧前工作 A、B、C 最早完成时间分别是第 9 天、第 11 天、第 13 天下班时刻，则工作 B 与工作 N 的时间间隔是（　　）天。

A. 0
B. 2
C. 1
D. 4

2.【单选】某单代号网络计划如下图所示（单位：天），计算工期是（　　）天。

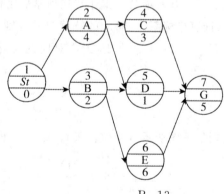

A. 8
B. 13
C. 10
D. 12

3.【单选】某单代号网络计划如下图所示（单位：天），工作 A、D 之间的时间间隔是（　　）天。

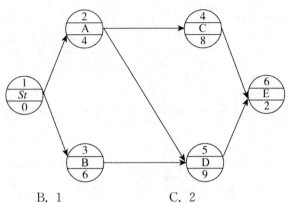

A. 0　　　　　　　B. 1　　　　　　　C. 2　　　　　　　D. 3

考点 5　双代号时标网络计划中时间参数的判定【必会】

1.【单选】某双代号时标网络计划如下图所示，工作 F、工作 H 的最迟完成时间分别为（　　）。

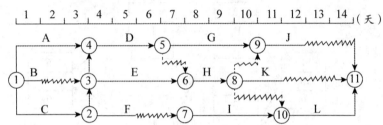

A. 第 8 天，第 11 天　　　　　　　B. 第 8 天，第 9 天
C. 第 7 天，第 11 天　　　　　　　D. 第 7 天，第 9 天

2.【单选】某双代号时标网络计划如下图所示，工作 G 的最迟开始时间是第（　　）天。

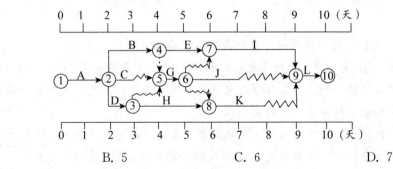

A. 4　　　　　　　B. 5　　　　　　　C. 6　　　　　　　D. 7

3.【单选】某分部工程双代号时标网络计划如下图所示，其中工作 B 的总时差和自由时差（　　）。

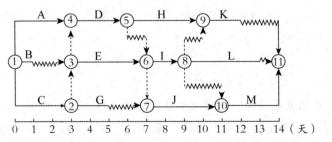

A. 分别为 2 天和 3 天　　　　　　　B. 均为 2 天

C. 分别为 2 天和 4 天　　　　　　　　D. 均为 0 天

4. 【单选】某工程双代号时标网络计划如下图所示，工作 A 的总时差和最迟完成时间分别为（　　）天。

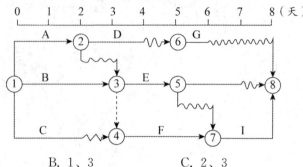

A. 0、3　　　B. 1、3　　　C. 2、3　　　D. 3、0

考点 6　单代号搭接网络计划时间参数的计算【重要】

1. 【多选】某单代号搭接网络计划如下图（单位：天），其时间参数正确的有（　　）。

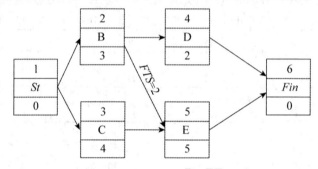

A. $TF_C=1$
B. $FF_B=2$
C. $LS_D=8$
D. $LS_E=5$
E. $LF_C=5$

2. 【多选】关于工作最迟完成时间计算的说法，正确的有（　　）。
   A. 单代号搭接网络计划中，工作最迟完成时间等于该工作最早完成时间加上该工作的总时差
   B. 单代号搭接网络计划中，工作最迟完成时间等于各紧后工作最迟开始（或结束）时间减相应时距加该工作持续时间的最小值
   C. 双代号网络计划中，工作最迟完成时间等于各紧后工作最迟开始时间的最小值
   D. 双代号网络计划中，工作最迟完成时间等于该工作完成节点的最迟时间
   E. 双代号时标网络计划中，工作最迟完成时间等于该工作实箭线结束对应的时间坐标

3. 【单选】单代号搭接网络计划中，某工作持续时间为 3 天，有且仅有一个紧前工作，紧前工作最早第 2 天开始，工作持续时间 5 天，该工作与紧前工作间的时距 $FTF=2$ 天。该工作的最早开始时间是第（　　）天。
   A. 6　　　B. 0
   C. 3　　　D. 5

4. 【单选】修一条堤坝的护坡时，一定要等土堤自然沉降完成后开始。用单代号搭接网络计划表达堤坝填筑和堤坝护坡的逻辑关系时，应采用的搭接关系是（　　）。
   A. 完成到完成（FTF）　　　　　　　B. 开始到开始（STS）

C. 开始到完成（STF）   D. 完成到开始（FTS）

考点 7 双代号网络计划中关键工作及关键线路的确定【必会】

1. 【单选】某双代号网络计划如下图所示（单位：天），关键线路有（   ）条。

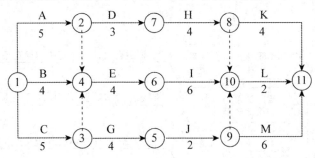

A. 3   B. 1   C. 2   D. 4

2. 【单选】某双代号网络计划如下图所示（单位：天），其关键线路有（   ）条。

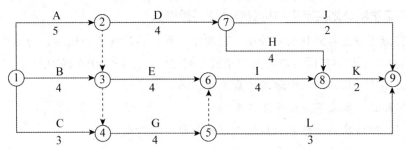

A. 4

B. 3

C. 2

D. 1

考点 8 单代号网络计划中关键工作及关键线路的确定【必会】

1. 【单选】在双代号或单代号网络计划中，判断关键工作的条件是该工作（   ）。

   A. 自由时差最小

   B. 与其紧后工作之间的时间间隔为零

   C. 持续时间最长

   D. 最迟开始时间与最早开始时间的差值最小

2. 【单选】某工程单代号网络计划如下图所示（单位：天），其关键线路为（   ）。

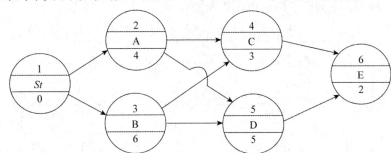

A. ①→②→④→⑥   B. ①→③→④→⑥

C. ①→③→⑤→⑥   D. ①→②→⑤→⑥

第四节 施工进度控制

■ 知识脉络

考点 1 施工进度计划实施中的检查与分析【重要】

1.【单选】在施工进度计划执行过程中,需要定期对执行情况进行监测。当工作实际进度拖后的时间超过该工作的自由时差,但未超过总时差时,下列说法正确的是（　　）。

A. 工作实际进度偏差不影响该工作后续工作的正常进行

B. 工作实际进度偏差不会影响总工期

C. 该工作实际进度偏差既影响后续工作也会影响总工期

D. 工作实际进度偏差会导致合同终止

2.【单选】施工进度调整的系统过程包括分析进度偏差产生的原因,以及对后续工作及总工期的影响。以下关于进度偏差影响的描述,错误的是（　　）。

A. 当工作实际进度偏差未超过自由时差时,不会影响后续工作和总工期

B. 当工作实际进度偏差超过自由时差时,必然会影响总工期

C. 当工作实际进度偏差超过总时差时,会影响后续工作和总工期

D. 施工单位应根据工作实际进度偏差确定是否需要调整进度计划

考点 2 实际进度与计划进度比较方法【必会】

1.【多选】某工程双代号时标网络计划执行至第6周末和第10周末检查进度时,实际进度前锋线如下图所示。下列分析结论中,正确的有（　　）。

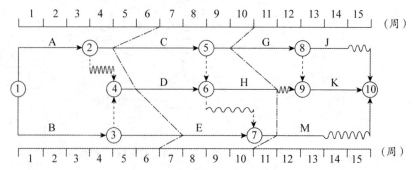

A. 第6周末检查进度时,工作D拖后1周,影响工期1周

B. 第10周末检查进度时,工作G拖后1周,不影响工期

C. 第6周末检查进度时，工作C拖后2周，影响工期2周

D. 第6周末检查进度时，工作E提前1周，不影响工期

E. 第10周末检查进度时，工作H已提前完成，不影响工期

2.【多选】某工程项目的双代号时标网络计划，当计划执行到第4周末及第10周末时，检查得出实际进度前锋线如下图所示，检查结果表明（　　　）。

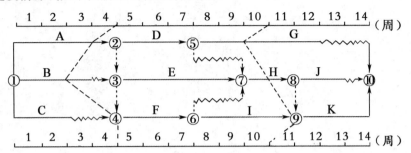

A. 第4周末检查时，工作A拖后1周，但不影响总工期

B. 第4周末检查时，工作C拖后1周，影响总工期1周

C. 第10周末检查时，工作G拖后1周，将影响总工期1周

D. 第10周末检查时，工作I提前1周，但总工期不一定会提前

E. 关键线路有两条

考点 3　施工进度计划调整方法及措施【重要】

【单选】以下不属于通过压缩持续时间来调整施工进度计划技术措施的是（　　　）。

A. 改进施工工艺和技术　　　　　　B. 减少施工过程数量

C. 改善施工作业环境　　　　　　　D. 采用先进施工机械

PART 5 第五章 建设工程质量管理

学习计划：

扫码做题
熟能生巧

学而时习之

不亦说乎

第一节 工程质量影响因素及管理体系

■ 知识脉络

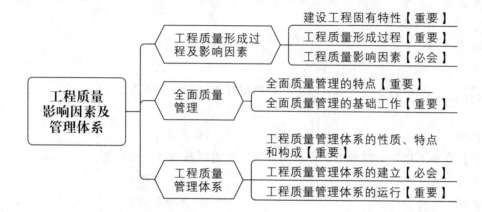

考点 1 建设工程固有特性【重要】

1.【多选】关于建设工程固有特性的描述,正确的有(   )。
   A. 明示特性是指由相关标准规定和合同约定的明确要求
   B. 隐含特性是指客体隐含的内在要求
   C. 所有建设工程的固有特性在任何情况下都具有同等重要性
   D. 施工质量的管理应确保固有特性满足要求的程度
   E. 建设工程的固有特性包括但不限于安全性和可靠性

2.【单选】固有特性主要体现在由施工形成的建筑产品的(   )。
   A. 实用性、安全性、美观性、先进性
   B. 安全性、先进性、美观性、可靠性
   C. 实用性、安全性、可靠性、美观性
   D. 适用性、先进性、耐久性、可靠性

考点 2 工程质量形成过程【重要】

1.【单选】在建设工程保修阶段,关于质量缺陷处理的说法,正确的是(   )。
   A. 由业主单位负责维修
   B. 由设计单位负责返工
   C. 由施工承包单位负责维修、返工或更换
   D. 由监理单位负责赔偿损失

2.【单选】工程建设的管理过程中,影响工程质量的决定性阶段是(   )。
   A. 工程投资决策   B. 工程勘察设计
   C. 工程施工   D. 工程竣工验收

考点 3　工程质量影响因素【必会】

1. 【单选】下列影响建设工程施工质量的因素中,作为施工质量控制基本出发点的因素是（　　）。
   A. 人　　　　　　　　　　　　　　　　B. 机械
   C. 材料　　　　　　　　　　　　　　　D. 环境

2. 【单选】为消除施工质量通病而采用新型脚手架应用技术的做法,属于质量影响因素中对（　　）因素的控制。
   A. 材料　　　　　　　　　　　　　　　B. 机械
   C. 方法　　　　　　　　　　　　　　　D. 环境

3. 【单选】在工程项目施工质量管理中,起决定性作用的影响因素是（　　）。
   A. 人　　　　　　　　　　　　　　　　B. 材料
   C. 机械　　　　　　　　　　　　　　　D. 方法

4. 【单选】在施工质量的因素中,保证工程质量的重要基础是加强控制（　　）。
   A. 人的因素　　　　　　　　　　　　　B. 材料的因素
   C. 机械的因素　　　　　　　　　　　　D. 方法的因素

5. 【单选】在施工质量管理中,对从事施工活动的人的素质和能力进行必要的控制的是（　　）。
   A. 实行见证取样制度　　　　　　　　　B. 实行专项施工论证方案制度
   C. 实行执业资格注册制度　　　　　　　D. 建设工程质量监督管理制度

6. 【单选】我国实行建筑企业资质管理制度、执业资格制度、作业人员持证上岗制度,都是对建筑工程项目质量影响因素中（　　）的控制。
   A. 人的因素　　　　　　　　　　　　　B. 管理因素
   C. 环境因素　　　　　　　　　　　　　D. 技术因素

考点 4　全面质量管理的特点【重要】

【单选】全面质量管理理念中的"三全一多样"中的"三全"指的是（　　）。
A. 管理内容、管理范围、管理方法的全面性
B. 管理内容、管理范围、参加管理人员的全面性
C. 管理范围、参加管理人员、管理效果的全面性
D. 参加管理人员、管理方法、管理效果的全面性

考点 5　全面质量管理的基础工作【重要】

1. 【单选】在全面质量管理的基础工作中,标准化是指（　　）。
   A. 人们制定标准并有效地实施标准的一种有组织的活动过程
   B. 为了满足人们对产品质量的共同要求而设置的量值准确和统一的工作
   C. 对企业员工进行质量教育和技能培训的过程
   D. 建立和健全企业内部的质量责任体系

2. 【单选】（　　）是质量管理的基础,质量管理是贯彻执行标准的保证。
   A. 计量和理化工作　　　　　　　　　　B. 质量信息工作

C. 质量教育工作　　　　　　　　　　D. 标准化工作

考点 6　工程质量管理体系的性质、特点和构成【重要】

1.【单选】评价和诊断项目质量控制体系的有效性，一般由（　　）进行。
   A. 项目监理单位　　　　　　　　　B. 项目管理的总组织者
   C. 项目咨询单位　　　　　　　　　D. 第三方认证机构

2.【单选】关于工程项目质量控制体系的说法，正确的是（　　）。
   A. 涉及工程项目实施中所有的质量责任主体
   B. 目的是用于建筑业企业的质量管理
   C. 其控制目标是建筑业企业的质量管理目标
   D. 体系有效性需进行第三方审核认证

3.【多选】在大型群体工程项目中，第一层次质量控制体系可由（　　）的项目管理机构负责建立。
   A. 建设单位　　　　　　　　　　　B. 设计总责任单位
   C. 代建单位　　　　　　　　　　　D. 施工总承包单位
   E. 工程总承包企业

4.【单选】关于工程质量管理体系的服务范围，说法正确的是（　　）。
   A. 只针对业主方的质量管理
   B. 涉及工程项目实施过程所有的质量责任主体
   C. 仅包括设计和施工的质量控制
   D. 专门针对材料设备供应商的质量保障

考点 7　工程质量管理体系的建立【必会】

1.【单选】工程质量管理体系建立原则中，要求各责任主体制定出相应的质量计划，确定具体控制方式和控制措施，这体现了（　　）。
   A. 分层次规划原则　　　　　　　　B. 目标分解原则
   C. 质量责任制原则　　　　　　　　D. 系统有效性原则

2.【单选】在工程质量管理体系的建立程序中，负责主持编制建设工程项目总质量计划的是（　　）。
   A. 设计单位　　　　　　　　　　　B. 施工单位
   C. 项目监理机构　　　　　　　　　D. 工程项目管理总组织者

3.【单选】建设项目各参与方应分别进行不同层次和范围的建设工程项目质量控制体系规划，这是建立建设工程项目质量控制体系时（　　）原则的体现。
   A. 目标分解　　　　　　　　　　　B. 质量责任制
   C. 系统有效性　　　　　　　　　　D. 分层次规划

4.【单选】建立工程质量管理体系的第一步工作是（　　）。
   A. 制定工程质量管理制度　　　　　B. 确立工程质量责任的网络架构
   C. 分析工程质量管理界面　　　　　D. 编制工程质量计划

考点 8　工程质量管理体系的运行【重要】

1. 【多选】项目质量控制体系的运行环境包括（　　）。
   A. 项目的合同结构
   B. 质量管理的人员配置
   C. 质量管理的政府监督制度
   D. 质量管理的物质资源配置
   E. 质量管理的组织制度

2. 【单选】项目质量控制体系得以运行的基础条件是（　　）。
   A. 项目合同结构合理
   B. 组织制度健全
   C. 人员和资源的合理配置
   D. 程序性文件规范

3. 【单选】工程质量管理体系运行的核心机制是（　　）。
   A. 约束机制
   B. 反馈机制
   C. 持续改进机制
   D. 动力机制

4. 【多选】建设工程项目质量控制系统运行的约束机制，取决于（　　）。
   A. 各质量责任主体对利益的追求
   B. 各质量责任主体内部的自我约束能力
   C. 质量信息反馈的及时性和准确性
   D. 外部的监控效力
   E. 工程项目管理文化建设的程度

第二节　施工质量抽样检验和统计分析方法

■ 知识脉络

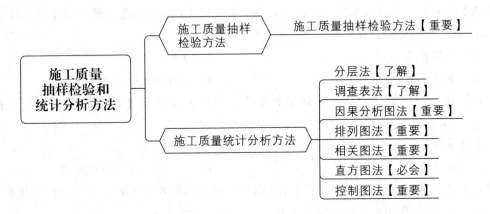

考点 1　施工质量抽样检验方法【重要】

1. 【单选】关于检验批量的大小，说法正确的是（　　）。
   A. 质量稳定的产品宜采用小批量
   B. 批量越大，误判造成的损失越小
   C. 批量大小有统一的规定
   D. 质量不太稳定的产品宜采用小批量

2. 【单选】如果要对一大批原材料进行抽样检验，最合适使用的随机抽样方法是（　　）。
   A. 简单随机抽样　　　　　　　　　　B. 系统随机抽样
   C. 分层随机抽样　　　　　　　　　　D. 整群随机抽样

3. 【多选】在抽样检验的分类中，属于按照抽取样本次数分类的是（　　）。
   A. 监督检验　　　　　　　　　　　　B. 一次抽样检验
   C. 二次抽样检验　　　　　　　　　　D. 多次抽样检验
   E. 连续抽样检验

4. 【单选】根据施工质量检验方法的分类，属于感观检验法的是（　　）。
   A. 利用敲击方法进行音感检查
   B. 使用电流表测量运转电流
   C. 通过化学试剂测定化学成分
   D. 通过射线探伤法检测焊缝质量

5. 【多选】施工质量检验中的物理检验法包括（　　）。
   A. 度量检测　　　　　　　　　　　　B. 化学试剂
   C. 电性能检测　　　　　　　　　　　D. 机械性能检测
   E. 无损检测

6. 【多选】关于施工质量检验的现场试验法，描述正确的有（　　）。
   A. 设备安装工程中的设备试运行属于现场试验法
   B. 现场试验法仅限于结构性构件的检测
   C. 桩基的静载试验是现场试验法的一种
   D. 现场试验法不能用于电器安装工程
   E. 给水工程中的压力试验属于现场试验法

考点 2　分层法【了解】

【单选】在施工质量统计分析方法中，若想突显各层间数据的差异，并在此基础上进行层间、层内的比较分析，以发现质量问题及其原因，应该采用（　　）。
   A. 因果分析图法　　　　　　　　　　B. 排列图法
   C. 分层法　　　　　　　　　　　　　D. 直方图法

考点 3　调查表法【了解】

【单选】调查表法往往会与（　　）结合使用，以便更快地发现问题的原因。
   A. 经验法　　　　　　　　　　　　　B. 分层法
   C. 样本调查法　　　　　　　　　　　D. 对比分析法

考点 4　因果分析图法【重要】

【单选】关于因果分析图的说法，正确的是（　　）。
   A. 通常采用QC小组活动的方式进行
   B. 一张因果分析图可以分析多个质量问题
   C. 具有直观、主次分明的特点
   D. 可以了解质量数据的分布特征

考点 5　排列图法【重要】

1. 【单选】在排列图法中，若某一影响质量的因素所占累计频率位于 80%～90% 之间，该因素应（　　）。
   A. 需要加强控制、重点管理
   B. 按常规管理
   C. 可放宽管理
   D. 无需进行任何管理

2. 【单选】依据排列图法，当累计频率在 0～80% 范围内时，相关因素属于（　　）。
   A. A 类因素，即主要因素
   B. B 类因素，即次要因素
   C. C 类因素，即一般因素
   D. 无法确定因素类别

3. 【单选】使用排列图法分析影响质量主次因素时，帕累托曲线是通过连接（　　）构成的。
   A. 频数或件数
   B. 累计频率（百分数）点
   C. 影响程度大小排序
   D. 直方图形的高度

4. 【单选】在排列图法中，被视为主要因素且需要加强控制的是（　　）。
   A. 累计频率在 0～80% 范围内的因素
   B. 累计频率在 80%～90% 范围内的因素
   C. 累计频率在 90%～100% 范围内的因素
   D. 不受累计频率影响的因素

考点 6　相关图法【重要】

1. 【单选】在绘制相关图时，若收集的两种相关变量数据点在直角坐标图中呈现出由左至右向上变化的一条直线带，这种散布状况反映了两个变量之间存在的相关关系是（　　）。
   A. 正相关
   B. 弱正相关
   C. 不相关
   D. 负相关

2. 【单选】若在相关图中观察到散布点形成一团或者平行于 x 轴的直线带，这说明两个变量之间的关系是（　　）。
   A. 正相关
   B. 不相关
   C. 负相关
   D. 弱正相关

考点 7　直方图法【必会】

1. 【单选】应用直方图法分析工程质量状况时，直方图出现折齿型分布的原因是（　　）。
   A. 数据分组不当或组距确定不当
   B. 少量材料不合格
   C. 短时间内工人操作不熟练
   D. 数据分类不当

2. 【单选】下列直方图中，表明生产过程处于正常、稳定状态的是（　　）。

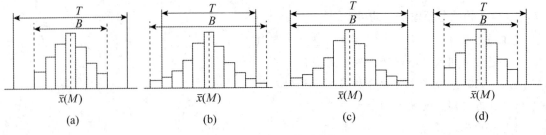

A. （a）
B. （d）

C.（b） D.（c）

考点 8　控制图法【重要】

1.【单选】控制图法的上下控制界限标志着质量特性值的允许波动范围。如果控制图中的点子全部集中在中心线周围较窄的区域，且没有超出上下控制界限，这表明生产过程的质量（　　）。

A. 波动较大，可能失控

B. 波动较小，相对稳定

C. 存在系统性偏差

D. 过于集中，可能存在作弊行为

2.【单选】关于施工质量统计分析方法的描述，正确的是（　　）。

A. 分层法无需先对原始数据进行分组整理

B. 排列图法用于揭示数据的发展趋势和波动状态

C. 直方图法主要用于分析质量问题的原因

D. 控制图法可以用于在施工过程中实时监控工程质量

第三节　施工质量控制

知识脉络

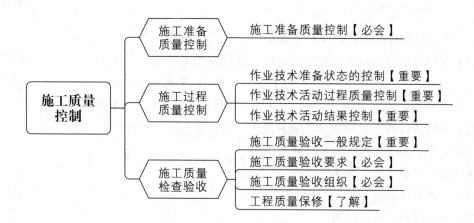

考点 1　施工准备质量控制【必会】

1.【单选】下列关于施工准备工作的基本要求，说法错误的是（　　）。

A. 施工准备工作应有组织、有计划地进行

B. 施工准备工作必须始终遵循低成本原则

C. 施工准备工作要坚持按工程建设程序办事

D. 施工准备工作应建立严格的责任制及检查制度

2.【单选】关于施工组织设计的编制和报审，说法正确的是（　　）。

A. 由建设单位编制并报监理单位审查

B. 由设计单位编制并由建设单位审查

C. 由施工单位编制并报监理单位审查

D. 由监理单位编制并由建设单位审查

3. 【单选】施工图纸会审由（　　）组织。
   A. 施工单位
   B. 设计单位
   C. 建设单位
   D. 监理单位

4. 【单选】下列活动中不属于施工现场准备中应进行的工作是（　　）。
   A. 测量放线校验
   B. 工程定位放线验线
   C. 施工平面布置的控制
   D. 编写项目结束报告

5. 【单选】装配式建筑的混凝土预制构件出厂时，其混凝土强度不得低于混凝土设计强度等级值的（　　）。
   A. 60%
   B. 75%
   C. 65%
   D. 70%

6. 【单选】关于施工机械设备的选择，不需要考虑的因素是（　　）。
   A. 技术性能
   B. 工作效率
   C. 设备颜色
   D. 维修难易

7. 【多选】施工机械设备质量控制通常是围绕（　　）方面进行。
   A. 机械设备的选型
   B. 机械设备主要性能参数的确定
   C. 机械设备制造要求
   D. 使用操作
   E. 机械设备运输条件

考点 2　作业技术准备状态的控制【重要】

1. 【单选】项目开工前的技术交底书应由施工项目技术人员编制，并经（　　）批准实施。
   A. 项目经理
   B. 总监理工程师
   C. 项目技术负责人
   D. 专业监理工程师

2. 【单选】下列质量控制点的重点控制对象中，属于施工技术参数的是（　　）。
   A. 装配式混凝土预制构件的出厂强度
   B. 钢结构工程中使用的高强度螺栓
   C. 预应力钢筋的张拉
   D. 混凝土浇筑后的拆模时间

3. 【单选】根据施工质量控制点的要求，混凝土冬期施工应重点控制的技术参数是（　　）。
   A. 受冻临界强度
   B. 养护标准
   C. 内外温差
   D. 保温系数

4. 【单选】在施工质量控制点的控制中，对冷拉钢筋应注意先焊接之后再进行冷拉，其重点控制的方面是（　　）。
   A. 关键操作
   B. 技术间歇
   C. 施工顺序
   D. 施工技术参数

考点 3　作业技术活动过程质量控制【重要】

【单选】施工单位对进场材料、试块、试件、钢筋接头等实施见证取样,完成取样后,施工单位将送检样品装入木箱,由(　　)加封。
A. 试验室负责人　　　　　　　　B. 项目负责人
C. 监理人员　　　　　　　　　　D. 检测单位负责人

考点 4　作业技术活动结果控制【重要】

1.【单选】关于隐蔽工程验收的程序,说法正确的是(　　)。
A. 施工单位不需要对隐蔽工程进行自检
B. 项目监理机构无需现场检查即可签字确认隐蔽工程质量
C. 如果现场检查发现隐蔽工程质量不合格,项目监理机构应发出整改通知
D. 隐蔽工程验收后不需要施工单位和项目监理机构签字确认

2.【多选】在作业技术活动结果控制中,工序质量检验包括(　　)。
A. 标准具体化　　　　　　　　B. 度量
C. 比较　　　　　　　　　　　D. 判定
E. 归档

考点 5　施工质量验收一般规定【重要】

1.【单选】根据施工质量验收的一般规定,对于分项工程的划分原则是(　　)。
A. 根据施工组织划分
B. 根据楼层、施工段划分
C. 根据工种、材料、施工工艺、设备类别划分
D. 根据建筑物或构筑物的独立使用功能划分

2.【单选】工程施工前,施工单位制定的单位工程、分部工程、分项工程和检验批的划分方案应由(　　)审核、(　　)确认后实施。
A. 施工单位、项目监理机构
B. 建设单位、施工单位
C. 项目监理机构、建设单位
D. 施工单位、建设单位

3.【单选】对某办公大楼二层一施工段内的框架柱钢筋制作的质量,应按一个(　　)进行验收。
A. 检验批　　　　　　　　　　B. 单位工程
C. 分部工程　　　　　　　　　D. 分项工程

考点 6　施工质量验收要求【必会】

1.【单选】施工过程的质量验收时,需要进行观感质量验收的是(　　)。
A. 分部工程验收　　　　　　　B. 检验批验收
C. 分项工程验收　　　　　　　D. 隐蔽工程质量验收

2.【多选】建设工程检验批施工质量不符合验收标准时,正确的处理方法有(　　)。
A. 经返工重做或更换器具、设备的检验批,应重新进行验收

B. 经有资质的检测机构检测达到设计要求的检验批，应予以验收

C. 经有资质的检测机构检测达不到设计要求，但经原设计单位核算认可能满足结构安全和使用功能的检验批，应予以验收

D. 经返修或加固的分项、分部工程，虽然改变外形尺寸但仍能满足安全使用要求，可按技术处理方案和协商文件的要求予以验收

E. 经返修或加固处理仍不能满足安全使用要求的分部工程，经鉴定后降低安全等级使用

考点 7　施工质量验收组织【必会】

1. 【单选】检验批应由（　　）组织施工单位项目专业质量检查员、专业工长等进行验收。
   A. 专业监理工程师　　　　　　　　B. 总工程师
   C. 施工单位　　　　　　　　　　　D. 业主

2. 【单选】在建设工程质量验收中，分项工程质量验收的组织者是（　　）。
   A. 施工单位项目负责人
   B. 建设单位项目负责人
   C. 总监理工程师
   D. 专业监理工程师

3. 【单选】关于建设工程项目施工质量验收的说法，正确的是（　　）。
   A. 分项工程、分部工程应由专业监理工程师组织验收
   B. 分部工程的质量验收在分项工程验收的基础上进行
   C. 分项工程是工程验收的最小单元
   D. 分部工程所含全部分项工程质量验收合格，即可认为该分部工程验收合格

4. 【多选】工程质量验收时，设计单位项目负责人应参加验收的分部工程有（　　）。
   A. 地基与基础　　　　　　　　　　B. 装饰装修
   C. 主体结构　　　　　　　　　　　D. 环境保护
   E. 节能

考点 8　工程质量保修【了解】

1. 【单选】根据建筑工程质量保修规定，施工单位应编制的工程使用说明书包括（　　）。
   A. 工程造价及预算报告
   B. 主体结构位置示意图
   C. 工程项目的市场分析
   D. 施工阶段的安全生产记录

2. 【单选】工程完工后，建设单位如发现工程存在一般质量缺陷，应首先采取的措施是（　　）。
   A. 立即组织拆除重建
   B. 向施工单位发出保修通知
   C. 自行修复，之后向施工单位索赔
   D. 通知设计单位参与修复

第四节　施工质量事故预防与调查处理

■ 知识脉络

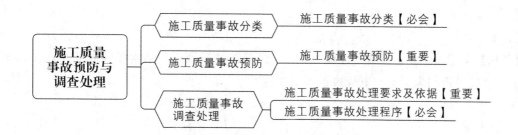

考点 1　施工质量事故分类【必会】

1. 【单选】根据《质量管理体系　基础和术语》(GB/T 19000—2016)，凡工程产品未满足质量要求，即称为（　　）。
   A. 质量问题　　　　　　　　　　B. 质量缺陷
   C. 质量事故　　　　　　　　　　D. 质量不合格

2. 【单选】根据《质量管理体系　基础和术语》(GB/T 19000—2016)，工程产品与规定用途有关的不合格，称为（　　）。
   A. 质量通病　　　　　　　　　　B. 质量缺陷
   C. 质量问题　　　　　　　　　　D. 质量事故

3. 【单选】下列施工质量事故中，属于指导责任事故的是（　　）。
   A. 混凝土振捣疏漏造成的质量事故
   B. 砌筑工人不按操作规程施工导致墙体坍塌的质量事故
   C. 负责人放松质量标准造成的质量事故
   D. 浇筑混凝土时操作者随意加水使强度降低造成的质量事故

4. 【单选】由于工程负责人不按规范组织施工，强令他人违章作业，盲目赶工，导致施工质量标准降低而造成质量事故，则此事故属于（　　）。
   A. 操作责任事故　　　　　　　　B. 技术原因引发的质量事故
   C. 指导责任事故　　　　　　　　D. 社会、经济原因引发的质量事故

5. 【单选】下列引发工程质量事故的原因中，属于技术原因的是（　　）。
   A. 设备管理不善造成仪器失准　　B. 结构设计方案不正确
   C. 检验检查制度不严密　　　　　D. 监理人员旁站检验不到位

6. 【多选】下列引发工程质量事故的原因中，属于管理原因的有（　　）。
   A. 施工方法选用不当　　　　　　B. 盲目追求利润而不顾质量
   C. 质量控制不严　　　　　　　　D. 特大暴雨导致质量不合格
   E. 质量检验制度不严密

7. 【单选】某工程质量事故造成直接经济损失 4500 万元，间接经济损失 800 万元。按照工程

质量事故等级划分标准，该工程质量事故属于（　　）。
A. 较大事故 B. 一般事故
C. 重大事故 D. 较重事故

8.【单选】某工程由于施工现场管理混乱，质量问题频发，最终导致在建的一栋办公楼施工至主体3层时倒塌，死亡30人，重伤50人，则该起质量事故属于（　　）。
A. 一般事故 B. 特别重大事故
C. 重大事故 D. 较大事故

9.【单选】某建设工程项目施工过程中，由于质量事故导致工程结构受到破坏，造成6000万元的直接经济损失，这一事故属于（　　）。
A. 一般事故 B. 较大事故
C. 重大事故 D. 特别重大事故

考点 2　施工质量事故预防【重要】

1.【单选】在工程施工过程中，下列行为可能导致施工质量事故的是（　　）。
A. 工程竣工后进行试运转
B. 根据设计图纸和施工规范进行作业
C. 使用未经验收或不合格的预制构件
D. 对施工人员进行质量培训教育

2.【单选】关于施工单位质量事故预防措施的说法，错误的是（　　）。
A. 控制建筑材料及制品的质量
B. 做好施工现场环境管理
C. 对施工图进行审查复核
D. 选择正确的施工顺序

考点 3　施工质量事故处理要求及依据【重要】

【多选】施工质量事故处理的基本要求有（　　）。
A. 正确选择处理的人数和处罚方式
B. 确保事故处理期间的安全
C. 加强事故处理的检查验收工作
D. 优先采用节约成本的技术措施
E. 重视消除造成事故的原因

考点 4　施工质量事故处理程序【必会】

1.【单选】建设工程施工质量事故的处理程序中，确定处理结果是否达到预期目的、是否依然存在隐患，属于（　　）环节的工作。
A. 事故处理鉴定和验收 B. 事故调查
C. 事故原因分析 D. 制订事故处理技术方案

2.【单选】某工程施工中，混凝土结构出现宽度0.3mm的裂缝，且裂缝较深，但不影响结构的安全和使用，则应采用的处理方法是（　　）。
A. 灌浆修补法 B. 表面密封法

C. 嵌缝密闭法　　　　　　　　　　　　D. 纤维加固法

3. 【多选】混凝土结构加固处理的常用方法有（　　）。
　　A. 增大截面加固法　　　　　　　　　　B. 表面密封加固法
　　C. 外包角钢加固法　　　　　　　　　　D. 嵌缝密闭加固法
　　E. 增设支点加固法

4. 【单选】某工程混凝土结构出现了宽度大于 0.3mm 的裂缝，经分析研究不影响结构的安全和使用，可采取的处理方法是（　　）。
　　A. 返工处理　　　　　　　　　　　　　B. 返修处理
　　C. 限制使用　　　　　　　　　　　　　D. 不做处理

5. 【多选】工程质量缺陷可以不作专门处理的有（　　）。
　　A. 结构安全、生产工艺和使用要求不受影响的质量缺陷
　　B. 下一道工序可以弥补的质量缺陷
　　C. 法定检测单位鉴定合格的工程
　　D. 经设计单位核算，仍能满足结构安全和使用功能的质量缺陷
　　E. 项目总造价不超过预算的情况下出现的质量缺陷

6. 【单选】下列工程质量事故中，可由事故发生单位组织事故调查组进行调查的是（　　）。
　　A. 2 人以下死亡，100 万～500 万元的直接经济损失
　　B. 5 人以下重伤，100 万～500 万元的直接经济损失
　　C. 未造成人员伤亡，1000 万～5000 万元的直接经济损失
　　D. 未造成人员伤亡，100 万～1000 万元的直接经济损失

PART 6

第六章
建设工程成本管理

学习计划：

扫码做题
熟能生巧

读书百遍 其义自见

第一节 工程成本影响因素及管理流程

■ 知识脉络

考点 1　工程成本分类【重要】

1.【多选】在施工过程中，可能导致工程质量损失成本增加的因素包括（　　）。
   A. 指挥决策失误引起的质量缺陷费用
   B. 违反标准及操作规程引起的质量缺陷费用
   C. 成品保护不善引起的质量缺陷费用
   D. 安全措施费用
   E. 质量事故处理费用

2.【多选】根据工程成本的可控性分类，属于施工单位工程部门可控成本的有（　　）。
   A. 材料的消耗量
   B. 材料价格变动引起的成本变动
   C. 管理人员工资
   D. 施工机械的使用费用
   E. 设计能力导致的设计成本

考点 2　工程成本影响因素【了解】

1.【多选】下列因素中，可能会导致施工成本上升的有（　　）。
   A. 高薪酬水平的劳动力投入
   B. 施工方法的经济性
   C. 设备日常维护和保养
   D. 加快施工进度
   E. 提高施工安全标准

2.【多选】在工程施工阶段，可能导致工程变更的情况有（　　）。
   A. 设计文件中存在错误或遗漏
   B. 市场上材料价格波动
   C. 现场管理能力不足
   D. 投标时低估了工期
   E. 设计标准低于国家监管要求

考点 3　工程成本管理流程【重要】

1.【单选】在成本管理中，成本分析的主要作用是（　　）。
   A. 制定成本计划
   B. 进行成本分配
   C. 检查成本计划实现情况
   D. 实施成本控制

2. 【单选】关于施工成本管理各项工作之间关系的说法，正确的是（　　）。
   A. 成本计划能对成本控制的实施进行监督
   B. 成本核算是成本计划的基础
   C. 成本预算是实现成本目标的保证
   D. 成本分析为成本考核提供依据

第二节　施工成本计划

■ 知识脉络

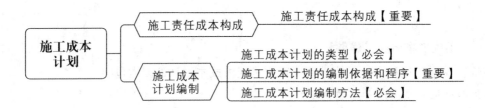

考点 1　施工责任成本构成【重要】

【单选】在施工责任成本管控过程中，（　　）主要负责完成标价分离、施工成本测算。
   A. 技术部门　　　　　　　　　　　B. 商务部门
   C. 财务部门　　　　　　　　　　　D. 人力资源部门

考点 2　施工成本计划的类型【必会】

1. 【单选】某施工企业经过投标获得了某工程的施工任务，合同签订后，公司有关部门开始选派项目经理并编制成本计划。该阶段所编制的成本计划属于（　　）。
   A. 竞争性成本计划　　　　　　　　B. 指导性成本计划
   C. 实施性成本计划　　　　　　　　D. 战略性成本计划

2. 【单选】建设工程项目施工准备阶段的实施性成本计划，以项目实施方案为依据，采用企业（　　）编制形式。
   A. 人工定额　　　　　　　　　　　B. 概算定额
   C. 预算定额　　　　　　　　　　　D. 施工定额

3. 【多选】在成本计划编制过程中，不同阶段形成作用不同的成本计划，包括（　　）。
   A. 竞争性成本计划　　　　　　　　B. 指导性成本计划
   C. 实施性成本计划　　　　　　　　D. 按子项目组成编制的施工成本计划
   E. 按工程进度编制的施工成本计划

4. 【多选】施工项目竞争性成本计划是（　　）的估算成本计划。
   A. 选派项目经理阶段　　　　　　　B. 投标阶段
   C. 施工准备阶段　　　　　　　　　D. 签订合同阶段
   E. 制定企业年度计划阶段

考点 3　施工成本计划的编制依据和程序【重要】

1. 【多选】施工成本计划的编制依据包括（　　）。
   A. 合同文件　　　　　　　　　　B. 施工组织设计
   C. 项目管理实施规划　　　　　　D. 相关定额
   E. 类似项目的成本资料

2. 【单选】成本计划编制的步骤有：①确定项目总体成本目标；②预测项目成本；③针对成本计划制定相应的控制措施；④编制项目总体成本计划；⑤审批相应的成本计划；⑥项目管理机构与组织的职能部门分别编制相应的成本计划。排列顺序正确的是（　　）。
   A. ①→②→③→④→⑤→⑥　　　B. ②→①→④→⑥→③→⑤
   C. ②→①→③→④→⑥→⑤　　　D. ②→①→③→④→⑤→⑥

考点 4　施工成本计划编制方法【必会】

1. 【多选】施工项目管理机构可按（　　）编制施工成本计划。
   A. 合同计价方式　　　　　　　　B. 成本组成
   C. 项目结构　　　　　　　　　　D. 工程实施阶段
   E. 资金来源

2. 【单选】关于编制施工项目成本计划时考虑预备费的说法，正确的是（　　）。
   A. 只针对整个项目考虑总的预备费，以便灵活调用
   B. 在分析各分项工程风险基础上，只针对部分分项工程考虑预备费
   C. 既要针对整个项目考虑总的预备费，也要在主要的分项工程中安排适当的不可预见费用
   D. 不考虑整个项目预备费用，由施工企业统一考虑

3. 【单选】某工程按月编制的成本计划如下图所示，若 6 月、8 月实际成本为 1000 万元和 700 万元，其余月份的实际成本与计划成本均相同。关于该工程施工成本的说法，正确的是（　　）。

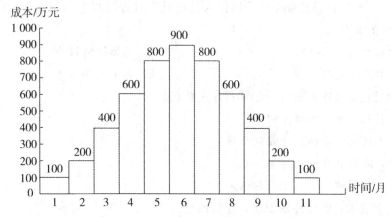

   A. 第 6 月末计划成本累计值为 3100 万元
   B. 第 8 月末计划成本累计值为 4500 万元
   C. 第 8 月末实际成本累计值为 4600 万元
   D. 第 6 月末实际成本累计值为 3000 万元

4.【单选】建设工程项目施工成本按构成可分解为（　　）。

A. 直接费、间接费、利润、税金等

B. 单位工程施工成本、分部工程施工成本、分项工程施工成本等

C. 人工费、材料费、施工机具施工费、措施项目费等

D. 人工费、材料费、施工机具使用费、企业管理费等

5.【单选】某工程施工成本计划采用时间—成本累积曲线（S曲线）表示，因进度计划中存在有时差的工作，S曲线必然被包络在由全部工作都按（　　）的曲线所组成的"香蕉图"内。

A. 最早开始时间开始和最迟开始时间开始

B. 最早完成时间开始和最迟完成时间开始

C. 最迟开始时间开始和最迟完成时间开始

D. 最早开始时间开始和最迟完成时间开始

第三节　施工成本控制

■ 知识脉络

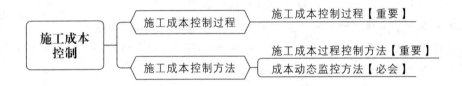

考点 1　施工成本控制过程【重要】

1.【单选】（　　）的目的是确保每个岗位人员在成本管理过程中的管理行为符合事先确定的程序和方法的要求。

A. 管理行为控制　　　　　　　　B. 指标控制程序

C. 监测成本形成过程　　　　　　D. 制定纠偏对策

2.【单选】项目施工成本的过程控制和程序主要包括（　　）。

A. 管理控制程序和评审控制程序

B. 管理行为控制程序和指标控制程序

C. 管理人员激励程序和指标控制程序

D. 管理行为控制程序和目标考核程序

3.【单选】关于成本控制程序的说法，正确的是（　　）。

A. 管理行为控制程序是成本全过程控制的重点

B. 指标控制程序是对成本进行过程控制的基础

C. 管理行为控制是指标控制的主要内容

D. 管理行为控制程序和指标控制程序在实施过程中相互制约又相互联系

4.【单选】施工成本指标控制的工作包括：①采集成本数据，监测成本形成过程；②制定对

策，纠正偏差；③找出偏差，分析原因；④确定成本管理分层次目标。正确的工作程序是（　　）。

A. ④→①→③→②
B. ①→②→③→④
C. ①→③→②→④
D. ②→④→③→①

5.【单选】关于建设工程项目施工成本控制的说法，正确的是（　　）。
A. 施工成本管理体系由社会有关组织进行评审和认证
B. 管理行为控制程序是进行成本过程控制的重点
C. 施工成本控制可分为事先控制、过程控制和事后控制
D. 管理行为控制程序和指标控制程序是相互独立的

考点 2　施工成本过程控制方法【重要】

1.【多选】进行施工成本的材料费控制的主要内容有（　　）。
A. 材料用量
B. 材料定额
C. 材料数量标准
D. 材料价格
E. 材料价格指数

2.【单选】施工成本过程控制中，控制人工费通常采用的方法是（　　）。
A. 弹性管理
B. 量价分离
C. 指标包干
D. 计量控制

3.【多选】下列施工机械使用费控制措施中，属于控制台班数量的有（　　）。
A. 加强施工机械设备内部调配
B. 加强机械设备配件管理
C. 加强设备租赁计划管理
D. 提高机械设备的利用率
E. 按油料消耗定额控制油料消耗

4.【单选】在施工成本的过程控制中，需进行包干控制的材料是（　　）。
A. 钢钉
B. 水泥
C. 钢筋
D. 石子

考点 3　成本动态监控方法【必会】

1.【单选】某项目进行到第 6 个月时累计费用偏差为−300 万元，费用绩效指数为 0.9，进度偏差为 200 万元，由此可以判断该项目的状态是（　　）。
A. 进度绩效指数大于 1，进度提前
B. 进度绩效指数小于 1，进度拖后
C. 第 6 个月费用超支，进度拖后
D. 前 6 个月费用节约，进度提前

2.【单选】某土方工程，月计划工程量 2800 立方米，预算单价 25 元/立方米，到月末时已完工程量 3000 立方米，实际单价 26 元/立方米。对该项工作采用赢得值法进行偏差分析的说法，正确的是（　　）。
A. 已完成工作的实际费用为 75000 元
B. 费用绩效指数＞1，表明项目运行超出预算费用
C. 进度绩效指数＜1，表明实际进度比计划进度拖后

D. 费用偏差为-3000元，表明项目运行超出预算费用

3. 【单选】某地下工程施工合同约定，3月份计划开挖土方量40000立方米，合同单价为90元/立方米；3月份实际开发土方量38000立方米，实际单价为80元/立方米。至3月底，该工程的进度偏差为（　　）万元。
   A. 18　　　　　　　　　　　　　　　B. -18
   C. 16　　　　　　　　　　　　　　　D. -16

4. 【单选】某分部分项工程预算单价为300元/立方米，计划一个月完成工程量100立方米，实际施工中用了两个月（匀速）完成工程量160立方米，由于材料费上涨导致实际单价为330元/立方米。该分项分部工程的费用偏差为（　　）元。
   A. 4800　　　　　　　　　　　　　　B. -4800
   C. 18000　　　　　　　　　　　　　 D. -18000

5. 【多选】某工程主要工作是混凝土浇筑，中标的综合单价是400元/立方米，计划工程量是8000立方米。施工过程中因原材料价格提高使实际单价为500元/立方米，实际完成并经监理工程师确认的工程量是9000立方米。若采用赢得值法进行综合分析，正确的结论有（　　）。
   A. 已完工作预算费用为360万元
   B. 费用偏差为90万元，费用节约
   C. 进度偏差为40万元，进度拖后
   D. 已完工作实际费用为450万元
   E. 计划工作预算费用为320万元

6. 【单选】某清单项目计划工程量为300立方米，预算单价600元；已完工程量为350立方米，实际单价650元。采用赢得值法分析该项目成本，下列说法中正确的是（　　）。
   A. 费用节约，进度延误　　　　　　　B. 费用节约，进度提前
   C. 费用超支，进度延误　　　　　　　D. 费用超支，进度提前

7. 【多选】下列施工成本管理的纠偏措施中，属于组织措施的有（　　）。
   A. 编制成本管理工作计划
   B. 确定成本管理工作流程
   C. 对未完工程成本进行预测
   D. 落实各级成本管理人员的职责
   E. 实行项目经理责任制

8. 【多选】下列施工成本管理的纠偏措施中，属于技术措施的有（　　）。
   A. 确定合适的施工机械、设备使用方案
   B. 落实各种变更签证
   C. 在满足功能要求的前提下，通过改变配合比降低材料消耗的费用
   D. 通过生产要素的优化配置，有效控制实际成本
   E. 确定合理的成本控制工作流程

9. 【单选】下列施工成本管理的纠偏措施中，属于经济措施的是（　　）。
   A. 做好施工采购计划

B. 选用合适的合同结构
C. 明确各级成本管理人员的任务和职能分工
D. 分析成本管理目标

第四节　施工成本分析与管理绩效考核

■ 知识脉络

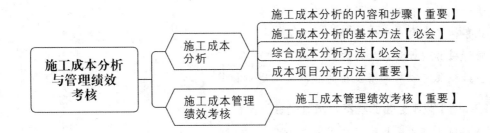

考点 1　施工成本分析的内容和步骤【重要】

1. 【单选】施工成本分析的主要工作有：①收集成本信息；②选择成本分析方法；③分析成本形成原因；④进行成本数据处理；⑤确定成本结果。正确的步骤是（　　）。
   A. ①→②→④→⑤→③
   B. ②→③→①→⑤→④
   C. ①→③→②→④→⑤
   D. ②→①→④→③→⑤

2. 【多选】施工项目成本分析的内容有（　　）。
   A. 时间节点成本分析
   B. 工作任务分解单元成本分析
   C. 成本责任者的目标成本分析
   D. 单项指标成本分析
   E. 综合项目成本分析

3. 【单选】关于工程成本会计核算、业务核算和统计核算区别和联系的说法，正确的是（　　）。
   A. 会计核算是对已发生的经济活动进行核算，而业务核算和统计核算还可对正在进行的经济活动进行核算
   B. 业务核算是价值核算，会计核算的范围比业务核算的范围更广
   C. 统计核算和会计核算必须用货币计算，业务核算可以用实物或劳动量计量
   D. 统计核算是利用会计核算和业务核算的资料，把数据按统计的方法加以系统管理，发现企业生产经营的规律

4. 【单选】业务核算是施工成本分析的依据之一，其目的是（　　）。
   A. 预测成本变化发展的趋势

B. 迅速取得资料，及时采取措施调整经济活动
C. 计算当前的实际成本水平
D. 记录企业的一切生产经营活动

5. 【单选】在项目成本分析的依据中，既可对已经发生的经济活动进行核算，又可对尚未发生的经济活动进行核算的方式是（　　）。

   A. 会计核算
   B. 成本核算
   C. 业务核算
   D. 统计核算

6. 【单选】关于施工成本分析依据的说法，正确的是（　　）。

   A. 统计核算可以用货币计算
   B. 业务核算主要是价值核算
   C. 统计核算的计量尺度比会计核算窄
   D. 会计核算可以对尚未发生的经济活动进行核算

考点 2　施工成本分析的基本方法【必会】

1. 【多选】施工成本分析可采用的基本方法有（　　）。

   A. 专家意见法
   B. 比较法
   C. 比率法
   D. 因素分析法
   E. 差额计算法

2. 【单选】某分部工程商品混凝土消耗情况见下表，则由于混凝土消耗量增加导致的成本增加额为（　　）元。

项目	单位	计划	实际
消耗量	立方米	300	320
单价	元/立方米	430	460

   A. 8600
   B. 9200
   C. 9600
   D. 18200

3. 【单选】某单位产品1月份的成本相关参数见下表。用因素分析法计算，单位产品人工消耗量变动对成本的影响是（　　）元。

项目	单位	计划	实际
产品产量	件	180	200
单位产品人工消耗量	工日/件	12	11
人工单价	元/工日	100	110

   A. －20000
   B. －18000
   C. －19800
   D. －22000

4. 【单选】施工项目成本分析时，可以用于分析某项成本指标发展方向和发展速度的方法是（　　）。

   A. 环比指数法
   B. 构成比率法
   C. 因素分析法
   D. 差额计算法

5. 【单选】某施工项目的成本指标见下表。采用动态比率法进行成本分析时，第四季度的基期指数是（　　）。

指标时间	第一季度 (基期指数 100)	第二季度	第三季度	第四季度
降低成本/万元	45.60	47.80	52.50	64.30

A. 109.83　　　　　　　　　　B. 115.13
C. 122.48　　　　　　　　　　D. 141.01

6. 【单选】通过计算材料成本及其占总成本的比重来判定材料成本的合理性，该成本分析方法是（　　）。
A. 相关比率法　　　　　　　　B. 构成比率法
C. 指标对比分析法　　　　　　D. 动态比率法

7. 【单选】某施工项目的商品混凝土目标成本是 420000 元（目标产量 500 立方米，目标单价 800 元/立方米，预计损耗率为 5％），实际成本是 511680 元（实际产量 600 立方米，实际单价 820 元/立方米，实际损耗率为 4％）。若采用因素分析法进行成本分析（因素的排列顺序是产量、单价、损耗量），则由于产量提高增加的成本是（　　）元。
A. 4920　　　　　　　　　　　B. 12600
C. 84000　　　　　　　　　　 D. 91680

8. 【单选】某工程商品混凝土的目标产量为 200 立方米，目标单价 430 元/立方米，损耗率 4％。实际产量为 270 立方米，实际单价 480 元/立方米，损耗率 3％。采用因素分析法进行分析，因产量增加使成本增加（　　）元。
A. 31003　　　　　　　　　　B. 45344
C. 31304　　　　　　　　　　D. 44908

考点 3　综合成本分析方法【必会】

1. 【单选】施工项目成本分析的基础是（　　）。
A. 分部分项工程成本分析　　　B. 单位工程成本分析
C. 月度成本分析　　　　　　　D. 单项工程成本分析

2. 【多选】关于分部分项工程成本分析资料来源的说法，正确的有（　　）。
A. 实际成本来自实际工程量与计划单价的乘积
B. 投标报价来自预算成本
C. 预算成本来自投标报价成本
D. 成本偏差来自预算成本与目标成本的差额
E. 目标成本来自施工预算

3. 【单选】关于施工企业年度成本分析的说法，正确的是（　　）。
A. 一般一年结算一次，可将本年成本转入下一年度
B. 分析的依据是年度成本报表
C. 分析应以本年度开工建设的项目为对象，不含以前年度开工的项目
D. 分析应以本年度竣工验收的项目为对象，不含本年度未完工的项目

4. 【多选】单位工程竣工成本分析的主要内容有（　　）。
   A. 竣工成本分析　　　　　　　　B. 主要资源节超对比分析
   C. 月（季）度成本分析　　　　　D. 主要技术节约措施及经济效果分析
   E. 年度成本分析

5. 【多选】关于分部分项工程成本分析的说法，正确的有（　　）。
   A. 分部分项工程成本分析的对象为已完分部分项工程
   B. 分部分项工程成本分析是施工项目成本分析的基础
   C. 必须对施工项目的所有分部分项工程进行成本分析
   D. 主要分部分项工程要做到从开工到竣工进行系统的成本分析
   E. 分部分项工程成本分析是定期的中间成本分析

6. 【多选】下列成本分析工作中，属于综合成本分析的有（　　）。
   A. 年度成本分析　　　　　　　　B. 工期成本分析
   C. 资金成本分析　　　　　　　　D. 月度成本分析
   E. 分部分项工程成本分析

7. 【单选】某工程项目进行月（季）度成本分析时，发现属于预算定额规定的"政策性"亏损，则应采取的措施是（　　）。
   A. 从控制支出着手，把超支额压缩到最低限度
   B. 增加变更收入，弥补政策亏损
   C. 将亏损成本转入下一月（季）度
   D. 停止施工生产，并报告业主方

考点 4　成本项目分析方法【重要】

1. 【单选】关于施工项目材料费分析的说法，正确的是（　　）。
   A. 运距长短对于材料费没有直接影响
   B. 材料费分析中不应考虑材料的保管费
   C. 材料单价、材料储备天数和日平均用量均影响储备资金占用量
   D. 租赁周转材料的时间越长，租赁费支出越少

2. 【单选】某工程各门窗安装班组的相关经济指标见下表，按照成本分析的比率法，人均效益最好的班组是（　　）。

班组	班组甲	班组乙	班组丙	班组丁
工程量/m²	5400	5000	4800	5200
班组人数/人	50	45	42	43
班组人工费/元	150000	126000	147000	129000

   A. 甲　　　　　　　　　　　　　B. 乙
   C. 丙　　　　　　　　　　　　　D. 丁

3. 【多选】关于成本分析的说法，正确的有（　　）。
   A. 业务核算可以对未发生、正在发生及已完成的经济活动进行核算
   B. 分部分项工程成本分析的对象为已完分部分项工程

C. 年度成本分析的重点是针对下一年度的施工进展情况制定的成本管理措施

D. 统计核算不能用劳动量进行计量

E. 材料采购保管费会随材料采购数量增多而增加

4. 【单选】下列成本项目的分析中,属于材料费分析的是(   )。

A. 分析材料节约奖对劳务分包合同的影响

B. 分析材料储备天数对材料储备金的影响

C. 分析施工机械燃料消耗量对施工成本的影响

D. 分析材料检验试验费占企业管理费的比重

考点 5　施工成本管理绩效考核【重要】

1. 【单选】若项目施工合同成本为 1000 万元,实际施工成本为 800 万元,则项目施工成本降低率为(   )。

A. 20%　　　　　　　　　　　　B. 25%

C. 80%　　　　　　　　　　　　D. 200%

2. 【单选】下列施工成本考核指标中,属于施工企业对项目成本考核的是(   )。

A. 项目施工成本降低率

B. 目标总成本降低率

C. 施工责任目标成本实际降低率

D. 施工计划成本实际降低率

3. 【多选】下列(   )是 PDCA 管理循环法在施工成本管理绩效考核方法中的优点。

A. 提高管理成效　　　　　　　　B. 增强部门协作

C. 考核时间和成本较高　　　　　D. 提高考核准确性

E. 促进个体发展

4. 【单选】目标管理法(MBO)在施工成本管理中的缺点是(   )。

A. 需要员工与领导者共同制定目标、共担责任、共享资源

B. 考核成本较低

C. 目标设定难度大且协调成本高

D. 提高管理成效

5. 【单选】下列不属于 360°反馈法在施工成本管理绩效考核中的优点的是(   )。

A. 提高考核准确性　　　　　　　B. 考核时间和成本较高

C. 促进个体发展　　　　　　　　D. 增强部门合作

6. 【单选】在施工成本管理过程中,若企业希望从财务效果、客户满意度、内部流程效率和学习与成长四个维度全面评估成本管理绩效,应当采用(   )。

A. 关键绩效指标(KPIs)　　　　B. 360°反馈法

C. PDCA 管理循环法　　　　　　D. 平衡积分卡

PART 7 第七章 建设工程施工安全管理

学习计划：

扫码做题
熟能生巧

为有源头活水来
问渠那得清如许

第一节 施工安全管理基本理论

知识脉络

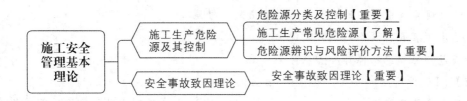

考点 1 危险源分类及控制【重要】

1.【多选】在施工生产过程中,下列行为或状态属于第二类危险源的有(   )。
   A. 起重机械的高势能
   B. 建筑工人未系安全带作业
   C. 高空作业平台的防护栏杆缺失
   D. 施工现场存在有毒有害物质二氧化硫
   E. 管理层对安全责任不明确导致的违章操作

2.【单选】下列风险控制方法中,适用于第一类危险源控制的是(   )。
   A. 提高各类设施的可靠性
   B. 设置安全监控系统
   C. 隔离危险物质
   D. 加强员工的安全意识教育

3.【多选】下列施工现场的危险源中,属于第二类危险源的有(   )。
   A. 现场存放的燃油
   B. 焊工焊接操作不规范
   C. 洞口临边缺少防护设施
   D. 机械设备缺乏维护保养
   E. 现场管理措施缺失

考点 2 施工生产常见危险源【了解】

【多选】在施工现场进行土方施工时,为防止坍塌倾覆事故的发生,需要采取的措施有(   )。
   A. 土方施工必须按规定放坡和支护
   B. 基坑/桩孔及边坡护壁可按照施工方便原则进行施工
   C. 地下水必须及时抽取或采取降水措施
   D. 流砂/泥必须及时有效防治
   E. 危险区域未设置警示标志和防护措施也可进行施工

考点 3　危险源辨识与风险评价方法【重要】

1. 【单选】在进行施工危险源辨识时，下列（　　）不属于"危险源"的组成要素。
   A. 潜在危险性　　　　　　　　　　　　B. 存在条件
   C. 触发因素　　　　　　　　　　　　　D. 事故频率

2. 【单选】关于安全检查表法的描述，错误的是（　　）。
   A. 通过列出检查项目来确定场所状态是否符合安全要求
   B. 用于发现系统中存在的安全隐患和提出改进措施
   C. 只适用于装置和设备的危险源评价
   D. 检查范围可以包括操作和管理等多方面

3. 【单选】LEC 评价法中，"C"指代的是（　　）。
   A. 事故发生的可能性　　　　　　　　　B. 人员暴露于危险环境的频繁程度
   C. 一旦发生事故可能造成的后果　　　　D. 危险源所处的物理状态

4. 【多选】关于事故树分析法的描述，正确的有（　　）。
   A. 事故树分析是自上而下分析事故原因的方法
   B. 分析过程中需要找到顶事件的直接和间接原因事件
   C. 通过逻辑图表达事件之间的逻辑关系
   D. 适用于实际发生安全生产事故后的危险源识别
   E. 侧重于评价作业条件危险性的大小

考点 4　安全事故致因理论【重要】

1. 【单选】关于事故频发倾向理论的描述，正确的是（　　）。
   A. 事故频发是由生产条件和机械设备引起的
   B. 事故频发倾向者与事故发生次数呈负相关
   C. 通过心理学测试可以判别事故频发倾向者
   D. 该理论认为事故原因仅由个人因素决定

2. 【单选】在安全事故致因理论中，对事故频发倾向者的预防措施，错误的是（　　）。
   A. 通过生理、心理检验选拔人才
   B. 通过日常行为观察判别事故频发倾向
   C. 加强个人的事故防范意识培训
   D. 企业内部不涉及事故频发倾向者的岗位调整或解雇

3. 【单选】根据能量意外释放理论，关于对人体伤害的分类，说法正确的是（　　）。
   A. 第一类伤害是由于人体与周围环境的正常能量交换受到了干扰引起的
   B. 第二类伤害是由于人体接触了超过其抵抗力的某种形式的过量的能量
   C. 第一类伤害是由于对人体施加了局部或全身性损伤阈值的能量引起的
   D. 第二类伤害不包括中毒窒息和冻伤

4. 【单选】轨迹交叉理论认为，人的不安全行为与物的不安全状态是事故发生的直接原因，下列不属于人的因素运动轨迹的是（　　）。
   A. 生理、心理缺陷　　　　　　　　　　B. 社会环境、企业管理上的缺陷
   C. 设计上的缺陷　　　　　　　　　　　D. 后天的身体缺陷

5.【多选】根据系统理论，下列属于系统安全管理与系统安全工程原理应用范畴的有（　　）。

A. 识别危险源并尽量使其危险性减至最小

B. 在项目成本范围外追求额外的安全程度

C. 在规定性能、时间和成本范围内追求安全

D. 只消除几种选定的危险，不关注总的危险性

E. 努力把事故发生概率降到最低

第二节　施工安全管理体系及基本制度

知识脉络

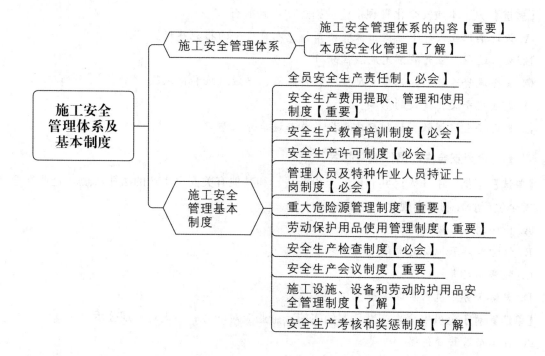

考点 1　施工安全管理体系的内容【重要】

1.【单选】施工企业在建立安全生产管理体系时，需要设立（　　）为核心的制度体系。

A. 全员安全生产责任制　　　　　　B. 安全生产规章制度和操作规程

C. 安全投入和物资管理　　　　　　D. 日常安全管理

2.【单选】在（　　）方面，施工企业应加强工程项目施工过程的日常安全管理，并接受企业各管理层职能部门和岗位的安全生产管理。

A. 组织保证体系　　　　　　　　　B. 文化保证体系

C. 制度保证体系　　　　　　　　　D. 工作保证体系

3.【单选】根据《建设工程安全生产管理条例》，施工单位的项目负责人担任的角色是（　　）。

A. 安全生产第一责任人

B. 安全生产管理机构负责人

C. 安全生产现场监督检查负责人

D. 安全生产信息报告与统计负责人

考点 2 本质安全化管理【了解】

1. 【单选】关于本质安全化系统构成的描述，不正确的是（　　）。

   A. 设备系统在发生故障时能够自动排除、切换或安全地停止运转

   B. 本质安全的理念仅靠控制系统、报警系统、联锁系统的使用来减小事故发生概率和减轻事故后果

   C. 本质安全化包括机器、设备和工艺本身所具有的安全性能

   D. 本质安全化的目标是从工艺源头上永久地消除风险

2. 【多选】关于本质安全化管理措施的描述，正确的有（　　）。

   A. 设计单位在设计中应提出保障施工作业人员安全的措施建议

   B. 施工过程中应开展预先危险性分析

   C. 安全风险等级划分为重大风险、较大风险、一般风险和低风险

   D. 忽视安全文化建设的影响

   E. 通过安全培训教育和制度建设提高员工遵章守纪意识

考点 3 全员安全生产责任制【必会】

1. 【单选】根据《中华人民共和国安全生产法》和其他有关安全生产的法律法规，企业在全员安全生产责任制基本规定中，要做到（　　）。

   A. 横向到边、纵向到底

   B. 仅管理层承担安全责任

   C. 随意制定考核标准

   D. 忽略劳务派遣人员的安全责任

2. 【单选】对于全员安全生产责任制的实施，企业应对（　　）进行长期公示。

   A. 员工个人薪资待遇

   B. 安全生产责任考核标准

   C. 公司年度财务报告

   D. 管理层会议记录

3. 【单选】根据《施工企业安全生产管理规范》（GB 50656—2011），下列不属于企业主要负责人安全生产工作的法定职责的是（　　）。

   A. 组织制定本单位的生产安全事故应急救援预案

   B. 及时消除生产安全事故隐患

   C. 组织年度职工旅游活动

   D. 保证本单位安全生产投入的有效实施

4. 【多选】根据《施工企业安全生产管理规范》（GB 50656—2011），施工作业人员在安全生产方面的职责包括（　　）。

   A. 遵守安全操作规程　　　　　　　　B. 正确使用安全防护用具

C. 履行施工安全事故报告义务   D. 接受定期健康体检

E. 未经培训上岗作业

考点 4 安全生产费用提取、管理和使用制度【重要】

1. 【单选】企业在编制投标报价时对安全生产费用的处理，做法正确的是（   ）。
   A. 可以不包含企业安全生产费用
   B. 包含但不单列企业安全生产费用
   C. 包含并单列企业安全生产费用
   D. 竞标时可以删减企业安全生产费用

2. 【单选】企业安全生产费用在（   ）情况下需暂停提取。
   A. 当年计提企业安全生产费用低于年度实际支出时
   B. 月初结余达到上一年应计提金额三倍及以上时
   C. 出现赤字需要于年末补提时
   D. 连续两年补提安全生产费用后

3. 【单选】下列工程中，安全生产费用提取标准最高的是（   ）。
   A. 铁路工程   B. 矿山工程
   C. 水利水电工程   D. 市政公用工程

4. 【单选】建设工程施工企业在使用安全生产费用时不得用于支付（   ）。
   A. 安全防护设施设备维护支出
   B. 应急救援技术装备配置支出
   C. 安全生产责任保险支出
   D. 企业职工薪酬、福利

5. 【多选】下列属于企业应当从企业安全生产费用中列支的有（   ）。
   A. 安全生产检查、评估评价的支出
   B. 安全生产适用的新技术推广应用支出
   C. 新建项目安全评价支出
   D. 安全设施及特种设备检测检验支出
   E. 企业从业人员发现报告事故隐患的奖励支出

考点 5 安全生产教育培训制度【必会】

1. 【单选】根据安全生产教育培训制度，企业新上岗的从业人员，岗前安全培训时间不得少于（   ）。
   A. 8 学时   B. 12 学时
   C. 24 学时   D. 32 学时

2. 【单选】施工项目部级岗前安全培训的内容不包括（   ）。
   A. 工作环境及危险因素
   B. 所从事工种的安全职责、操作技能及强制性标准
   C. 安全设备设施、个人防护用品的使用和维护
   D. 企业财务状况和经济效益

考点 6 安全生产许可制度【必会】

1. 【单选】关于建筑施工企业取得安全生产许可证的条件，说法错误的是（　　）。
   A. 主要负责人、项目负责人、专职安全生产管理人员需经住房和城乡建设主管部门考核合格
   B. 特种作业人员需取得特种作业操作资格证书
   C. 管理人员和作业人员每年应进行两次以上安全生产教育培训并考核合格
   D. 依法为施工现场从事危险作业的人员办理意外伤害保险

2. 【单选】关于安全生产许可证的有效期及延期的说法，正确的是（　　）。
   A. 安全生产许可证的有效期为1年
   B. 企业应当于安全生产许可证有效期满后1个月内办理延期手续
   C. 安全生产许可证有效期届满时，未发生死亡事故的可以自动延期
   D. 安全生产许可证有效期满需要延期的，企业应当于期满前3个月办理延期手续

3. 【单选】建筑施工企业变更名称、地址、法定代表人等信息，应当在变更后（　　）办理安全生产许可证变更手续。
   A. 5日内   B. 10日内
   C. 15日内   D. 30日内

4. 【单选】若建筑施工企业遗失安全生产许可证，合理的处理流程是（　　）。
   A. 直接向原颁发机关申请补办新证
   B. 先向警方报案，然后申请补办新证
   C. 向原颁发机关报告并在公众媒体上声明作废后申请补办
   D. 可以继续施工，同时申请补办新证

考点 7 管理人员及特种作业人员持证上岗制度【必会】

1. 【单选】根据《中华人民共和国特种作业操作证》，关于特种作业人员年龄条件的说法，正确的是（　　）。
   A. 必须年满18周岁，无上限年龄要求
   B. 必须年满18周岁，且不得超过60岁
   C. 必须年满16周岁，且不得超过60岁
   D. 必须年满18周岁，且不超过国家法定退休年龄

2. 【单选】特种作业操作证的复审周期为（　　）。
   A. 每2年复审1次   B. 每3年复审1次
   C. 每4年复审1次   D. 每5年复审1次

3. 【单选】建筑施工特种作业人员不包括（　　）。
   A. 建筑电工   B. 建筑起重信号司索工
   C. 施工现场保洁员   D. 高处作业吊篮安装拆卸工

4. 【单选】对于连续从事本工种10年以上，并严格遵守有关安全生产法律法规的特种作业人员，特种作业操作证的复审时间可以延长至（　　）1次。
   A. 每2年   B. 每3年
   C. 每4年   D. 每6年

5.【多选】关于特种作业人员持证上岗制度的描述,正确的有( )。
   A. 特种作业人员必须取得特种作业操作证方可上岗作业
   B. 特种作业人员的年龄上限取决于所从事特种作业的具体要求
   C. 特种作业操作证每3年复审1次
   D. 特种作业人员在操作证有效期内,连续从事本工种12年以上无需复审
   E. 特种作业操作证复审需要提交安全培训考试合格记录

考点 8　重大危险源管理制度【重要】

【单选】关于施工现场危险源管理的说法,不正确的是( )。
   A. 危险源监控和管理应遵循动态控制的原则
   B. 危险源公示内容应包含防范措施和责任人
   C. 危险源及其防范措施可以通过安全技术交底工作实施告知
   D. 危险源监控不需做好文字记录,无须建立档案

考点 9　劳动保护用品使用管理制度【重要】

1.【单选】关于劳动保护用品的发放和管理,做法正确的是( )。
   A. 劳动保护用品可以以货币形式发放
   B. 劳动保护用品由施工作业人员自行购买
   C. 企业可收取劳动保护用品的费用
   D. 企业应免费发放并更换损坏的劳动保护用品

2.【单选】企业采购劳动保护用品时,应当查验的内容不包括( )。
   A. 生产厂家的生产资格
   B. 商品的合格证明
   C. 商品的价格和性价比
   D. 商品的安全使用标识

考点 10　安全生产检查制度【必会】

1.【单选】施工企业进行安全生产检查时,应检查( )。
   A. 安全管理目标的实现程度　　　B. 生产资料的采购情况
   C. 财务报告的准确性　　　　　　D. 设备的外观设计

2.【多选】施工企业安全生产检查管理的要求包括( )。
   A. 安全检查的内容、形式、类型、标准、方法、频次
   B. 对存在问题和隐患的整改和跟踪复查
   C. 安全检查中发现的问题的分类记录和定期统计
   D. 安全生产法律法规、标准规范的推广和培训
   E. 建立并保存安全生产检查资料和记录

考点 11　安全生产会议制度【重要】

1.【单选】关于安全生产会议制度的说法,不正确的是( )。
   A. 定期安全生产例会包括周安全生产例会和月度安全生产例会

B. 班前会议的组织者应交代安全施工要点

C. 安全生产现场会应该仅限于项目内部人员参加

D. 安全生产事故分析会旨在防止类似事故再次发生

2. 【多选】关于现场安全生产会议管理的描述,正确的是( )。

A. 每次会议要严格按照分工和层次进行组织

B. 会议签到和会议记录可作为安全管理的考核指标

C. 项目经理及其他项目管理人员应只参加月度例会和周例会

D. 项目专职安全生产管理员定期抽查班组班前安全活动记录

E. 重要的会议纪要需要上报公司备案

3. 【多选】在下列安全生产会议中,( )属于不定期安全生产会议。

A. 月度安全生产例会
B. 安全生产技术交底会
C. 安全生产专题会
D. 安全生产事故分析会
E. 周安全生产例会

考点 12　施工设施、设备和劳动防护用品安全管理制度【了解】

【多选】施工企业应采取( )措施来保障施工设施、设备和劳动防护用品的安全状态。

A. 定期进行安全检测

B. 设立专门的设备管理机构

C. 定期分析安全状态并采取改进措施

D. 保养维修设施、设备

E. 开展员工的安全教育培训

考点 13　安全生产考核和奖惩制度【了解】

【多选】施工企业实施安全生产考核的内容应包括( )。

A. 安全目标实现程度
B. 安全职责履行情况
C. 安全技术交底执行情况
D. 安全行为
E. 安全业绩

第三节　专项施工方案及施工安全技术管理

知识脉络

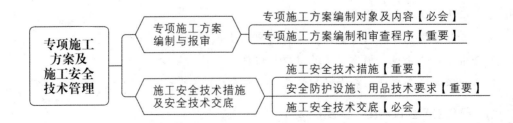

第七章 建设工程施工安全管理

考点 1 专项施工方案编制对象及内容【必会】

1.【单选】根据《建设工程安全生产管理条例》,下列不需要编制专项施工方案的是(　　)。
   A. 模板工程
   B. 土方开挖工程
   C. 基坑支护与降水工程
   D. 砌体工程

2.【单选】关于专项施工方案编制与报审的描述,不正确的是(　　)。
   A. 专项施工方案需附具安全验算结果
   B. 专职安全生产管理人员无需对专项施工方案进行现场监督
   C. 经技术负责人签字后即可实施专项施工方案
   D. 涉及深基坑工程的专项施工方案需组织专家进行论证审查

3.【单选】根据《建设工程安全生产管理条例》,施工单位针对达到一定规模的危险性较大的分部分项工程编制的专项施工方案,需经(　　)签字后实施。
   A. 建设单位技术负责人和总监理工程师
   B. 施工项目经理和建设单位技术负责人
   C. 施工单位技术负责人和总监理工程师
   D. 施工单位法定代表人和建设单位技术负责人

4.【单选】根据专项施工方案的主要内容,施工工艺技术不包括(　　)。
   A. 技术参数
   B. 工艺流程
   C. 资金使用计划
   D. 施工方法

5.【单选】下列不属于专项施工方案编制依据的是(　　)。
   A. 相关法律
   B. 施工图设计文件
   C. 工程量清单
   D. 施工组织设计

6.【多选】专项施工方案的主要内容应包括(　　)。
   A. 工程概况
   B. 编制依据
   C. 施工顺序
   D. 施工工艺技术
   E. 应急处置措施

考点 2 专项施工方案编制和审查程序【重要】

【单选】超过一定规模的危险性较大的分部分项工程专项施工方案经论证不通过的,施工单位应(　　)。
   A. 立即停工
   B. 继续按原方案施工
   C. 对方案进行修改后重新论证
   D. 直接提交给监理工程师审批

考点 3 施工安全技术措施【重要】

1.【单选】在进行临边作业时,若坠落高度基准面达到2m及以上,应采取(　　)措施。
   A. 在作业侧设置1.5m高的防护栏杆
   B. 在临空一侧设置防护栏杆,并采用密目式安全立网封闭
   C. 仅需在临空一侧设置警示标志即可
   D. 设置挡脚板,无需其他安全措施

2. 【单选】攀登作业时使用单梯，梯面应与水平面成（　　）夹角。
　　A. 60°
　　B. 65°
　　C. 70°
　　D. 75°

3. 【多选】施工现场防止物体打击伤人的技术措施有（　　）。
　　A. 脚手架外侧设置密目式安全网
　　B. 材料、构件、料具堆放整齐，防止倒塌
　　C. 禁止在吊臂下穿行和停留
　　D. 高处作业人员不需要佩戴工具袋
　　E. 圆盘锯上设置分割刀和防护罩

考点 4　安全防护设施、用品技术要求【重要】

1. 【单选】在进行临边作业时，如果防护栏杆高度大于1.2m，配置横杆应（　　）。
　　A. 只需增加一道横杆，使其总数达到三道
　　B. 增加足够数量的横杆，以保证横杆间距不大于600mm
　　C. 不需要增加横杆，只需确保挡脚板高度符合标准
　　D. 减少一道横杆，以保持视线的通畅

2. 【单选】关于安全防护棚的要求，说法不正确的是（　　）。
　　A. 安全防护棚应采用双层保护方式
　　B. 当采用脚手片时，层间距应为500mm
　　C. 防护棚的支撑体系应固定可靠安全
　　D. 严禁用毛竹搭设防护棚

3. 【单选】关于安全带冲击作用力峰值，符合要求的是（　　）。
　　A. 不得小于6kN
　　B. 应小于或等于6kN
　　C. 应小于5kN
　　D. 不得超过6kN

4. 【多选】根据《安全帽测试方法》（GB/T 2812—2006），安全帽的性能要求包括（　　）。
　　A. 冲击吸收性能，传递到头模的力不应大于4900N
　　B. 耐穿刺性能，钢锥不得接触头模表面
　　C. 侧向刚性，最大变形不应大于50mm
　　D. 阻燃性能，续燃时间不应超过5s
　　E. 防静电性能，表面电阻应为$1\times10^5 \sim 1\times10^{10}\Omega$

考点 5　施工安全技术交底【必会】

1. 【单选】关于施工安全技术交底的做法，正确的是（　　）。
　　A. 由班组长直接向作业人员进行交底
　　B. 只有项目技术负责人需要参与交底工作
　　C. 施工前不需要签字确认，口头说明即可
　　D. 分包单位技术负责人按照相同程序进行交底

2. 【单选】关于施工安全技术交底的要求,说法不正确的是( )。
   A. 施工项目部必须实行逐级安全技术交底制度
   B. 技术交底可以口头进行,而无需书面记录
   C. 书面安全技术交底签字记录应予以保存并归档
   D. 应优先采用新的安全技术措施

3. 【多选】在施工安全技术交底中,应向作业人员交底的内容包括( )。
   A. 工程项目和分部分项工程概况
   B. 针对危险点的具体预防措施
   C. 应遵守的安全操作规程
   D. 施工项目的施工作业特点和危险点
   E. 项目成本控制

第四节 施工安全事故应急预案和调查处理

知识脉络

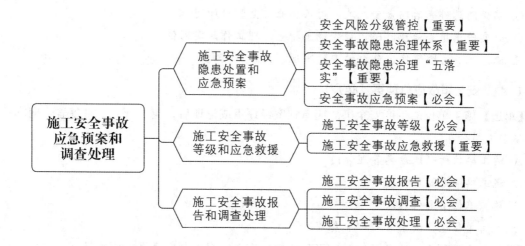

考点 1 安全风险分级管控【重要】

1. 【单选】根据《企业职工伤亡事故分类》(GB 6441—1986),施工企业安全风险等级从高到低划分为( )种,并通过( )颜色进行标示。
   A. 三、红、橙、黄
   B. 四、红、橙、黄、绿
   C. 四、红、橙、黄、蓝
   D. 五、红、橙、黄、蓝、绿

2. 【单选】施工企业在安全风险分级管控中,对安全风险采取的有效管控措施不包括( )。
   A. 实施个体防护
   B. 设置监控设施
   C. 隔离危险源
   D. 减少员工培训频次

考点 2　安全事故隐患治理体系【重要】

【多选】重大事故隐患报告的内容包括（　　）。
A. 隐患的现状及其产生原因
B. 隐患的危害程度
C. 隐患的整改难易程度分析
D. 隐患的治理方案
E. 治理的时限和要求

考点 3　安全事故隐患治理"五落实"【重要】

1.【单选】在安全事故隐患治理的"五落实"原则中，要求企业制定隐患排查治理预案。下列选项中，不属于预案应明确的内容是（　　）。
A. 隐患排查的事项和内容　　　　　B. 隐患排查的频次
C. 隐患排查治理的经费来源　　　　D. 隐患排查治理清单

2.【多选】关于安全事故隐患排查治理"五落实"的描述，正确的有（　　）。
A. 落实隐患排查治理责任，明确排查人和整改人
B. 制定科学合理的隐患治理方案，减少对生产的影响
C. 确保隐患排查治理资金充足，列入企业安全费用计划
D. 落实隐患排查治理时限，确保隐患排查治理工作落实到位
E. 隐患排查治理预案仅包含排查的事项、内容和频次

考点 4　安全事故应急预案【必会】

1.【单选】施工单位的生产安全事故应急预案经评审或论证后，应由（　　）签署，向本单位从业人员公布。
A. 施工单位所在地应急管理部门
B. 施工单位主要负责人
C. 施工单位法定代表人
D. 施工单位生产安全管理部门负责人

2.【单选】在编制企业应急预案时，下列不属于应急预案编制应遵循的原则是（　　）。
A. 以人为本　　　　　　　　　　　B. 依法依规
C. 符合实际　　　　　　　　　　　D. 寻求最低成本

3.【单选】关于企业应急预案的分类，说法正确的是（　　）。
A. 综合应急预案、专项应急预案和现场处置方案均不包含事故风险描述内容
B. 专项应急预案与综合应急预案中的应急组织机构、应急响应程序相近时，必须编写专项应急预案
C. 现场处置方案是针对具体场所、装置或者设施所制定的应急处置措施
D. 综合应急预案是为应对非生产安全事故而制定的综合性工作方案

4.【单选】关于应急预案的评审、论证的说法，正确的是（　　）。
A. 评审人员与所评审应急预案的企业有利害关系时，可参与评审
B. 应急预案论证只能通过实地考察的方式开展

C. 评审内容包括应急预案体系设计的针对性及应急响应程序和措施的科学性

D. 参加评审的人员只包括安全生产和应急管理方面的专家

5.【单选】在应急预案体系的构成中，针对具体设施所制定的应急处置措施属于（　　）。

A. 综合应急预案 　　　　　　　　　B. 专项应急预案

C. 现场处置方案 　　　　　　　　　D. 应急行动指南

考点 5　施工安全事故等级【必会】

1.【单选】某工程在建楼房倒塌，致使 5 名工人死亡，直接经济损失 900 万元人民币。根据《生产安全事故报告和调查处理条例》，该生产安全事故类型属于（　　）。

A. 特别重大事故 　　　　　　　　　B. 重大事故

C. 较大事故 　　　　　　　　　　　D. 一般事故

2.【单选】根据《生产安全事故报告和调查处理条例》，下列安全事故中，属于重大事故的是（　　）。

A. 3 人死亡，10 人重伤，直接经济损失 2000 万元

B. 36 人死亡，50 人重伤，直接经济损失 6000 万元

C. 2 人死亡，100 人重伤，直接经济损失 1.2 亿元

D. 12 人死亡，直接经济损失 960 万元

3.【单选】根据《生产安全事故报告和调查处理条例》，下列安全事故中，属于较大事故的是（　　）。

A. 10 人死亡，3000 万元直接经济损失

B. 3 人死亡，4800 万元直接经济损失

C. 4 人死亡，6000 万元直接经济损失

D. 2 人死亡，980 万元直接经济损失

考点 6　施工安全事故应急救援【重要】

【多选】关于施工现场生产安全事故应急救援的任务，说法正确的有（　　）。

A. 组织撤离危害区域内的其他人员

B. 控制事态，防止事故继续扩展

C. 事后不必进行事故原因调查

D. 消除危害后果，做好现场恢复

E. 查清事故原因，评估危害程度

考点 7　施工安全事故报告【必会】

1.【单选】关于施工生产安全事故报告的要求，说法正确的是（　　）。

A. 生产安全事故发生后，监理人接到报告后，应在 2 小时内向事故发生地县级以上人民政府建设主管部门和有关部门报告

B. 情况紧急时，事故现场有关人员可以直接向事故发生地市级以上人民政府建设主管部门和有关部门报告

C. 较大事故上报至设区的市级人民政府应急管理部门和负有安全生产监督管理职责的有关部门

D. 实行施工总承包的建设工程，由总承包单位负责上报事故

2. 【单选】某施工现场发生安全事故，施工单位负责人应在接到报告后（　　）小时内向事故发生地有关部门报告。
   A. 1
   B. 5
   C. 12
   D. 24

考点 8　施工安全事故调查【必会】

1. 【单选】事故发生后应在规定时间内提交事故调查报告。在特殊情况下，提交事故调查报告的期限可以延长，但延长的期限最长不超过（　　）日。
   A. 30
   B. 60
   C. 90
   D. 120

2. 【单选】某工地发生了施工安全事故，事故调查组负责查明事故原因，并提出处理建议。根据施工安全事故调查规定，事故调查组不负责（　　）。
   A. 提交事故调查报告
   B. 认定事故的性质和事故责任
   C. 对事故责任者给予处罚
   D. 查明人员伤亡情况及直接经济损失

3. 【多选】根据《生产安全事故报告和调查处理条例》，事故调查报告的内容包括（　　）。
   A. 事故发生单位概况
   B. 事故发生经过和事故救援情况
   C. 事故责任人员的处理决定
   D. 事故发生的原因和事故性质
   E. 事故造成的人员伤亡和直接经济损失

4. 【单选】建设工程安全事故调查组应当提交事故调查报告的时间为（　　）。
   A. 自事故发生之日起 30 日内
   B. 自调查组成立之日起 30 日内
   C. 自调查组成立之日起 60 日内
   D. 自事故发生之日起 60 日内

5. 【单选】下列建设工程安全事故中，县级人民政府可以委托事故发生单位组织事故调查组进行调查的是（　　）。
   A. 2 人轻伤，总损失 1000 万元
   B. 1 人重伤，直接经济损失 200 万元
   C. 无伤亡，直接经济损失 1000 万元以下
   D. 1 人轻伤，无其他损失

考点 9　施工安全事故处理【必会】

1. 【单选】在特殊情况下，对于特别重大事故，人民政府批复事故调查报告的时间最长可以延长至（　　）。
   A. 45 日
   B. 60 日
   C. 30 日
   D. 15 日

2. 【多选】根据《生产安全事故报告和调查处理条例》，下列事故中，县级人民政府应当自收到事故调查报告之日起 15 日内做出批复的有（　　）。
   A. 造成人员伤亡的一般事故
   B. 无人员死亡的较大事故
   C. 未造成人员伤亡的一般事故
   D. 直接经济损失较小的重大事故
   E. 特别重大事故

PART 8

第八章
绿色建造及施工现场环境管理

学习计划:

扫码做题
熟能生巧

千磨万击还坚劲
任尔东西南北风

第一节 绿色建造管理

■ 知识脉络

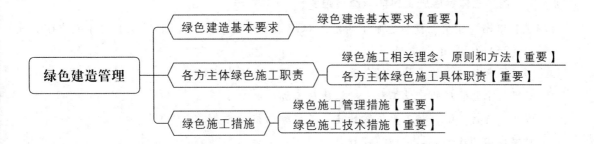

考点 1 绿色建造基本要求【重要】

1. 【单选】根据《建筑工程绿色施工评价标准》(GB/T 50640—2010),绿色施工策划中,应明确项目绿色施工（　　）。
   A. 基本指标
   B. 最低指标
   C. 关键指标
   D. 一般指标

2. 【多选】绿色建造的基本要求包括（　　）。
   A. 实现工程策划、设计、施工、交付全过程一体化
   B. 有效降低建造全过程对资源的消耗和对生态环境的影响
   C. 推广传统建造方式,强化人工作业
   D. 整体提升建造活动绿色化水平
   E. 采用工程总承包、全过程工程咨询等组织管理方式

3. 【多选】绿色设计策划应考虑的因素包括（　　）。
   A. 场地的选择与利用
   B. 采用传统建筑材料和构件
   C. 室内环境质量
   D. 建筑设备的选择与匹配
   E. 绿色建材的选用依据和技术性能指标

4. 【单选】关于绿色设计的描述,正确的是（　　）。
   A. 绿色设计仅在设计阶段考虑节能环保因素
   B. 绿色设计应用 BIM 数字化设计方式进行优化
   C. 绿色设计变更可以降低工程绿色性能
   D. 绿色设计不需要考虑设计使用年限

考点 2 绿色施工相关理念、原则和方法【重要】

1. 【多选】绿色施工需遵循的"3R"原则包括（　　）。
   A. 清洁生产原则
   B. 减量化原则
   C. 再利用原则
   D. 协调发展原则

E. 再循环原则

2. 【单选】绿色施工中，清洁生产的主要内容可以归纳为"三清一控"，下列不属于"三清一控"的是（　　）。
   A. 清洁的原料与能源
   B. 清洁的生产过程
   C. 清洁的产品
   D. 资源的再生与再利用

考点 3　各方主体绿色施工具体职责【重要】

1. 【单选】根据《建筑工程绿色施工规范》（GB/T 50905—2014），下列属于设计单位在实施绿色施工时应承担的职责是（　　）。
   A. 审查绿色施工组织设计、绿色施工方案或绿色施工专项方案
   B. 实行总承包管理的建设工程，对绿色施工负总责
   C. 协助、支持、配合施工单位做好建设工程绿色施工的有关设计工作
   D. 对建设工程绿色施工承担监理责任

2. 【单选】关于施工单位的绿色施工职责，说法错误的是（　　）。
   A. 施工单位是建设工程绿色施工的实施主体
   B. 总承包单位应对绿色施工负总责
   C. 施工单位无需对专业承包单位的绿色施工实施管理
   D. 施工单位应定期开展自检、联检和评价工作

3. 【单选】工程监理单位在绿色施工过程中应承担的职责是（　　）。
   A. 监督检查工作
   B. 编制绿色施工方案
   C. 设计工程绿色设计
   D. 实施绿色施工教育培训

4. 【多选】根据《建筑工程绿色施工规范》（GB/T 50905—2014），建设单位的绿色施工职责包括（　　）。
   A. 在编制工程概算和招标文件时，明确绿色施工要求
   B. 建立建设工程绿色施工的协调机制
   C. 提供场地、环境、工期等方面的条件保障
   D. 编制绿色施工方案
   E. 提供绿色施工的设计文件及产品要求资料

考点 4　绿色施工管理措施【重要】

1. 【单选】绿色施工组织设计和绿色施工方案应包含的内容是（　　）。
   A. 仅包含节材措施和节水措施
   B. 包含改善作业条件、降低劳动强度、节约人力资源等内容
   C. 仅包含环境保护措施和节能措施
   D. 不包含关于设备材料管理的措施

2. 【多选】绿色施工技术措施有（　　）。
   A. 节材与材料资源利用
   B. 节水与水资源利用
   C. 节能与能源利用

D. 节地与施工用地保护

E. 与施工活动无关的环境保护

3. 【单选】关于绿色施工方案中排放和减量化管理的措施，说法不正确的是（　　）。

A. 规范施工污染排放和资源消耗管理

B. 制定建筑垃圾减量化计划，如每万平方米住宅建筑的建筑垃圾不超过400t

C. 编制建筑垃圾处理方案，采取污染防治措施

D. 忽视规范施工活动，放任建筑垃圾的随意堆放

4. 【多选】在绿色施工管理措施中，用能用水管理包括（　　）。

A. 制定合理的施工能耗指标

B. 设定生产、生活、办公和施工设备的用电控制指标

C. 分别对生活用水与工程用水确定用水定额指标

D. 对生产用水不进行计量管理

E. 在施工现场不设置安全与纠正措施

考点 5　绿色施工技术措施【重要】

1. 【单选】根据《建筑施工场界环境噪声排放标准》（GB 12523—2011）规定，昼间场界环境噪声排放限值为70dB（A），夜间场界环境噪声排放限值为55dB（A），夜间噪声最大声级超过限值的幅度不得高于（　　）dB（A）。

A. 5　　　　　　　　　　　　　　B. 10

C. 15　　　　　　　　　　　　　 D. 20

2. 【单选】下列关于绿色施工环境管理说法，错误的是（　　）。

A. 施工现场宜搭设密封式垃圾站

B. 噪声测量应根据施工场地周围噪声敏感建筑物位置和声源位置的布局，测点通常应设在建筑施工场界外1m、高度1.5m以上的位置

C. 施工现场存放的油料和化学溶剂等物品应设专门库房，地面应做防渗漏处理

D. 在光线作用敏感区域施工时，电焊作业和大型照明灯具应采取防光外泄措施

第二节　施工现场环境管理

■ 知识脉络

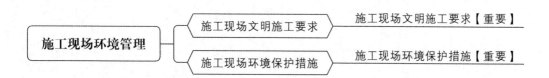

考点 1　施工现场文明施工要求【重要】

【单选】关于文明施工管理工作要求的内容，说法错误的是（　　）。

A. 对设备类型、安全设施、安全警示标志等样式和标准进行规范化

B. 避免现场道路二次重复开挖，实现"先地下，后地上"的施工顺序

C. 忽视环境的保护，优先考虑施工效率

D. 综合采用信息技术，围绕人员、机械设备、材料等要素开展管理

考点 2　施工现场环境保护措施【重要】

1. 【单选】根据《建筑工程绿色施工评价标准》(GB/T 50640—2010)，下列不属于施工现场环境保护的"控制项"的是（　　）。

   A. 施工现场应在醒目位置设环境保护标识

   B. 施工现场不得焚烧废弃物

   C. 现场使用散装水泥、预拌砂浆应有密闭防尘措施

   D. 对施工现场的古迹、文物等采取有效保护措施

2. 【多选】根据《建筑工程绿色施工评价标准》(GB/T 50640—2010)，下列属于施工现场的噪声控制措施的有（　　）。

   A. 针对现场噪声源采取隔声、吸声、消音等措施

   B. 应采用高噪声水平设备进行施工

   C. 噪声较大的机械设备应远离敏感区

   D. 施工作业面应设置降噪设施

   E. 材料装卸应轻拿轻放，控制材料撞击噪声

3. 【单选】根据《建筑工程绿色施工评价标准》(GB/T 50640—2010)，下列不属于施工现场环境保护的"优选项"的是（　　）。

   A. 现场宜采用自动喷雾（淋）降尘系统

   B. 现场宜设置扬尘自动监测仪

   C. 施工现场宜设置长期固定厕所

   D. 宜采用装配式方法施工

PART 9

第九章
国际工程承包管理

学习计划:

扫码做题
熟能生巧

一年之计在于春
一日之计在于晨

第一节 国际工程承包市场开拓

■ 知识脉络

考点 1 国际工程承包相关政策【了解】

1.【单选】投资主体直接开展的非敏感类项目实行（　　）管理。
   A. 核准 B. 备案
   C. 监督 D. 评估

2.【单选】若地方企业进行境外投资，并且中方投资额达到 2 亿美元，则该投资项目的备案机关是（　　）。
   A. 国家发展和改革委员会
   B. 投资主体注册地的省级政府发展改革部门
   C. 商务部
   D. 地方政府外事办公室

考点 2 国际工程承包市场进入【了解】

1.【单选】关于外国企业设立形式的说法，错误的是（　　）。
   A. 可以设立办事处 B. 可以选择独资企业形式
   C. 可以成立有限责任公司 D. 只能以股份有限公司形式存在

2.【单选】根据世界银行等国际金融机构的规定，其贷款和援助资金项目必须进行（　　）。
   A. 邀请招标 B. 议标
   C. 公开招标 D. 商业秘密招标

第二节 国际工程承包风险及应对策略

■ 知识脉络

考点 1　国际工程承包风险【重要】

【多选】 下列属于国际工程承包的市场风险因素的有（　　）。

A. 国际供应链原材料成本上涨

B. 项目建设过程中的通货膨胀

C. 项目所在国语言差异

D. 国际工程承包企业同质化竞争

E. 国际工程承包市场上基建投资计划搁浅，导致项目数量减少

考点 2　国际工程承包风险应对策略【了解】

【单选】 在国际工程承包风险应对策略中，有关汇率风险管理的措施，说法不正确的是（　　）。

A. 全面收集影响汇率的各种风险因素

B. 根据汇率风险规避原则，在合同中约定有利于规避汇率风险的条款

C. 采用人民币结算，完全避免外币兑换

D. 加强与境内外金融机构的合作，综合运用多种金融工具和手段应对汇率风险

第三节　国际工程投标与合同管理

知识脉络

考点 1　FIDIC 施工合同管理【必会】

1. **【单选】** 在 FIDIC 施工合同条件下，关于业主责任和义务的描述，错误的是（　　）。

   A. 业主向承包商及时提供信息、指示、同意、批准及发出通知

   B. 业主给予承包商现场占有权

   C. 业主协助承包商申办工程所在国法律要求的相关许可

   D. 业主为工程执行和竣工支付所有必需的费用

2. **【单选】** 关于 FIDIC《施工合同条件》（新红皮书）中开工日期和竣工时间的描述，错误的是（　　）。

   A. 承包商应在开工日期后尽早开始实施工程

   B. 竣工时间从开工日期算起至工程或某分项工程根据合同中"竣工时间"条款规定的要求竣工的时间

   C. 工程师应在开工日期前至少 28 天向承包商发出开工日期的通知

D. 承包商应在工程或分项工程的竣工时间内，完成整个工程和每个分项工程

3. 【单选】根据 FIDIC《施工合同条件》（新红皮书），下列不是工程师责任和义务的是（　　）。
   A. 工程师执行业主委托的施工项目质量、进度、费用的日常管理工作
   B. 工程师协调、联系、指示、批准和决定工程相关的专业事项
   C. 工程师向助手指派任务和委托部分权力，但工程师无权修改合同
   D. 工程师为了业主的利益，解除承包商依照合同具有的职责、义务或责任

4. 【单选】关于 FIDIC《施工合同条件》（新红皮书）中的费用（Cost）定义，下列说法正确的是（　　）。
   A. 费用是指承包商履行合同时仅在现场内发生的所有合理开支
   B. 费用包括由于不可抗力情况下产生的损失和损害赔偿
   C. 费用不包括利润，但包括税费、管理费和类似支出
   D. 对承包商根据合同有权获得的费用，不应加到合同价格中

5. 【单选】关于 FIDIC《施工合同条件》（新红皮书）中暂列金额的用途，下列说法错误的是（　　）。
   A. 暂列金额用于承包商实施工程师指示的变更
   B. 暂列金额用于承包商从指定分包或其他商家采购的费用
   C. 暂列金额可以用于承包商自行决定的任意额外工程
   D. 暂列金额应按工程师指示全部或部分地使用，并对合同价格做相应调整

6. 【单选】根据 FIDIC《施工合同条件》（新红皮书），关于工程进度管理中的进度计划，下列描述错误的是（　　）。
   A. 进度计划应使用软件编制，并在工程师发出开工日期通知后 28 天内提交
   B. 如果工程师通知承包商进度计划不符合合同要求，承包商应在 14 天内提交符合实际进度的修订进度计划
   C. 进度计划内容包括开工日期和竣工日期、工作顺序、各阶段的时间安排以及合同要求的检验和试验时间
   D. 承包商在工程师发出的开工日期通知后的 7 天内应提交初步进度计划

考点 2　FIDIC 设计—采购—施工（EPC）合同管理【重要】

1. 【单选】根据 FIDIC 银皮书的规定，下列关于设计—采购—施工（EPC）/交钥匙工程合同与《施工合同条件》（新红皮书）的比较，描述错误的是（　　）。
   A. 两者在大多数内容上基本相同或完全相同
   B. EPC/交钥匙工程合同新增了业主代表和设计、竣工后试验等条款
   C. EPC/交钥匙工程合同中不包含工程师角色，而《施工合同条件》（新红皮书）中包含工程师角色
   D. 《施工合同条件》（新红皮书）中没有业主代表这一角色，而是由承包商代表

2. 【单选】根据 FIDIC 银皮书，关于业主和承包商各自的责任和义务，下列说法正确的是（　　）。
   A. 业主应为承包商提供协助和配合

B. 业主负责编制提交月进度报告

C. 承包商必须遵守业主代表的安全程序

D. 承包商无需修补工程中的缺陷

考点 3　NEC 施工合同【了解】

【单选】NEC 合同中，关于"补偿事件"的定义是（　　）。

A. 由承包商的过失原因引起的事件，业主无需给予补偿

B. 由非承包商的过失原因引起的事件，承包商可以要求工期延长或额外付款

C. 任何导致工程延期的事件，不论责任方是谁，承包商都可以获得补偿

D. 只有由业主过失引起的事件，承包商才能要求额外付款

考点 4　AIA 系列合同【重要】

【单选】在 AIA 系列合同中，关于建筑师角色和职责的描述，不正确的是（　　）。

A. 建筑师有权代表业主行事，在合同规定的范围内负责合同的执行管理

B. 建筑师负责对工程进度及质量进行检查，并对承包商付款申请进行确认

C. 建筑师需要对所有参与工程的承包商文件资料进行审查批准

D. 建筑师拥有签发变更令的权力，但不涉及财务管理报表的编制

PART 10 第十章 建设工程项目管理智能化

学习计划：

扫码做题
熟能生巧

学而不思则罔
思而不学则殆

第一节　建筑信息模型（BIM）及其在工程项目管理中的应用

■ 知识脉络

考点 1　BIM 技术的基本特征【了解】

【多选】在建筑信息模型（BIM）技术的定义中，描述正确的有（　　）。

A. 仅涉及建筑物的三维几何形状信息

B. 包含设计、施工、运营过程的数字化表达

C. 支持工程建设整个进程中的管理

D. 信息模型仅作为数据存储工具使用

E. 强调信息模型的动态性

考点 2　BIM 技术在工程项目管理中的应用【重要】

1. 【多选】关于 BIM 总协调方的职责，描述正确的有（　　）

   A. 制定项目 BIM 应用方案并组织实施

   B. 收集并发布项目各参与方提交的 BIM 成果

   C. 组织对各参与方的 BIM 工作流程的培训

   D. 完善施工 BIM 模型并及时更新

   E. 监督、协调及管理各分包单位的 BIM 实施质量及进度

2. 【多选】BIM 技术应用实施模式中，专业分包单位的职责包括（　　）。

   A. 配置 BIM 团队并提供 BIM 成果

   B. 接收并完善施工总承包单位的施工 BIM 模型

   C. 制定项目 BIM 应用方案并贯彻实施

   D. 接受 BIM 总协调方和施工总承包方的监督

   E. 利用 BIM 技术辅助现场管理施工

3. 【单选】在施工现场的安全措施布置中，应用 BIM 技术的主要目的是（　　）。

   A. 替代传统的安全巡查

   B. 减少安全管理人员数量

   C. 提前发现并布置安全隐患对应的安全措施

   D. 完全避免施工事故的发生

第二节 智能建造与智慧工地

■ 知识脉络

考点 1　智能建造【了解】

【单选】关于智能建造的说法，正确的是（　　）。

A. 只要应用了人工智能技术，即可称之为智能建造

B. 智能建造仅关注新一代信息技术的融合应用，而非提升建造水平

C. 智能建造强调的是数字化集成设计、精益化生产施工和工业化组织管理

D. 智能建造的发展可以忽略数智化管控平台和建筑机器人的作用

考点 2　智慧工地【了解】

【单选】关于智慧工地的说法，正确的是（　　）。

A. 智慧工地不依赖于任何先进的信息技术

B. 智慧工地在安全管理方面没有明显优势

C. 智慧工地利用数据共享和协作，实现资源的高效利用

D. 智慧工地的应用层不涉及人员管理和机械设备管理

参考答案与解析

第一章 建设工程项目组织、规划与控制

第一节 工程项目投资管理与实施

考点 1　项目资本金制度

1.【答案】D
【解析】投资者以货币方式认缴的资本金，其资金来源有：
(1) 各级人民政府的财政预算内资金、国家批准的各种专项建设基金、经营性基本建设基金回收的本息、土地批租收入、国有企业产权转让收入、地方人民政府按国家有关规定收取的各种规费及其他预算外资金。
(2) 国家授权的投资机构及企业法人的所有者权益（包括资本金、资本公积金、盈余公积金和未分配利润、股票上市收益资金等）、企业折旧资金以及投资者按照国家规定从资本市场上筹措的资金。
(3) 社会个人合法所有的资金。
(4) 国家规定的其他可以用作投资项目资本金的资金。

2.【答案】D
【解析】选项D错误，投资者可按其出资比例依法享有所有者权益，也可转让其出资，但不得以任何方式抽回。

3.【答案】C
【解析】除国家对采用高新技术成果有特别规定外，以工业产权、非专利技术作价出资的比例不得超过投资项目资本金总额的20%。

4.【答案】D
【解析】通过发行金融工具等方式筹措的各类资金，按照国家统一的会计制度应分类为权益工具的，可以认定为投资项目资本金，但不得超过资本金总额的50%。

5.【答案】B
【解析】所谓项目资本金，是指在项目总投资中由投资者认缴的出资额。这里的总投资，是指投资项目的固定资产投资与铺底流动资金之和。

6.【答案】B
【解析】对于产能过剩行业中的水泥项目，项目资本金占项目总投资的最低比例为35%。

考点 2　项目投资审批、核准或备案管理

1.【答案】D
【解析】选项A错误，政府投资项目包含新建、扩建、改建及技术改造等项目。
选项B错误，政府投资项目需要审批项目建议书和可行性研究报告。
选项C错误，除特殊情况外，政府投资项目不再审批开工报告。
选项D正确，对于采用投资补助的政府投资项目，政府投资主管部门只审批资金申请报告。

2.【答案】ABCE
【解析】选项D错误，备案制不要求提交环境影响评价等各项评估报告。

考点 3　一般投资项目建设实施程序

1.【答案】D
【解析】选项A、B、C正确，工程勘察主要是为了满足工程设计的需要而进行，包括工程测量和岩土地质勘察。
选项D错误，工程勘察虽然在前期阶段极

为关键,但在整个工程建设实施过程中可能会根据需要继续进行,不局限于前期。

2. 【答案】C

【解析】选项A正确,工程施工阶段需要保证多个目标,包括工期、质量、成本、安全、绿色等目标。

选项B正确,开工时间指工程设计文件中规定的永久性工程正式开始的时间。

选项C错误,工程地质勘察和平整场地并不算作正式开工工作,而是属于开工前的准备工作。

选项D正确,分期建设的工程是以各期工程的开工时间为准。

3. 【答案】C

【解析】选项C错误,建设单位不能无条件扣留工程质量保证金,只有在工程承包单位未履行缺陷责任时,才有权扣留与未履行责任部分所需金额相应的工程质量保证金。

4. 【答案】D

【解析】选项A错误,生产准备是针对直接用于物质生产或为物质生产服务的项目,而非仅针对生产性项目。

选项B错误,生产准备通常由建设单位完成。

选项C错误,生产准备包括组建生产管理机构和制定生产管理制度。

选项D正确,生产准备工作内容会因工程项目种类不同而存在差异。

5. 【答案】B

【解析】对于政府投资项目,初步设计提出的投资概算超过经批准的可行性研究报告提出的投资估算10%的,项目单位应当向投资主管部门或者其他有关部门报告,投资主管部门或者其他有关部门可以要求项目单位重新报送可行性研究报告。

6. 【答案】C

【解析】不需要开槽的工程,以正式开始打桩的日期作为开工日期。

考点 4 政府和社会资本合作(PPP)项目运作流程

1. 【答案】D

【解析】选项A正确,定性评价主要包括全寿命期整合程度、风险识别与分配、绩效导向与鼓励创新、潜在竞争程度、政府机构能力、可融资性六个方面,以及根据具体情况设置的补充评价指标。

选项B正确,定性评价补充评价指标主要包括项目规模大小、预期使用寿命长短、主要固定资产种类、全寿命期成本测算准确性、运营收入增长潜力、行业示范性等。

选项C正确,定量评价可作为项目全寿命期风险分配、成本测算和数据收集的重要手段,以及项目决策和绩效评价的参考依据。

选项D错误,物有所值评价方法主要包括定性评价程序、指标及权重、评分标准、评分结果、专家组意见,以及定量评价的PSC值、PPP值测算依据、测算过程和结果等。物有所值评价包括定性评价和定量评价,所以定性评价包括专家组意见。

2. 【答案】B

【解析】一般公共预算列支的财政支出责任不超过当年本级一般公共预算支出10%的红线。合理分担跨地区、跨层级项目财政支出责任,严禁通过"借用"未受益地区财政承受能力空间等方式,规避财政承受能力10%红线约束。

3. 【答案】B

【解析】物有所值定性评价指标包括全寿命周期整合程度、风险识别与分配、绩效导向与鼓励创新、潜在竞争程度、政府机构能力、可融资性六个方面,以及根据具体情况设置的补充指标。补充评价指标主要包括项目规模大小、预期使用寿命长短、主要固定资产种类、全寿命周期成本测算准确性、运营收入增长潜力、行业示范性等。

4. 【答案】C

【解析】物有所值评价是判断是否采用PPP

模式代替政府传统的投资运营方式。

5.【答案】BDE
【解析】物有所值定性评价指标包括全寿命周期整合程度、风险识别与分配、绩效导向与鼓励创新、潜在竞争程度、政府机构能力、可融资性等六个方面，以及根据具体情况设置的补充评价指标。

考点 5　基于不同承包范围的承包模式

1.【答案】D
【解析】选项A错误，在DBB模式中，勘察设计单位与施工单位之间没有合同关系。
选项B错误，建设单位需要分别与勘察设计单位和施工单位签订合同。
选项C错误，勘察设计单位与施工单位之间只存在协作关系，没有合同关系。

2.【答案】BCE
【解析】DBB模式的优点：建设单位、勘察设计单位、施工总承包单位及分包单位在合同约束下，各自行使其职责和履行义务，责权利分配明确；建设单位直接管理工程勘察设计和施工，指令易贯彻执行。各平行承包单位前后工作衔接，构成质量制约，有助于发现工程质量问题。此外，该模式应用广泛、历史长，相关管理方法较成熟，工程参建各方对有关程序都比较熟悉。
选项A错误，施工单位无法参与到设计过程中。
选项D错误，DBB模式的缺点之一是建设周期长。

考点 6　基于不同承包关系的承包模式

1.【答案】B
【解析】选项A错误，在平行承包模式中，建设单位与每家承包单位签订单独的合同，而不是统一合同。
选项C错误，各承包单位之间无合同关系，其关系是平行的。
选项D错误，建设单位必须参与合同签订过程。

2.【答案】ABCE
【解析】联合体通常由一家或几家单位发起，经过协商确定各自承担的义务和责任，签署联合体协议，建立联合体组织机构，产生联合体牵头单位（代表），联合体各成员单位共同与建设单位签订工程承包合同。联合体承包模式有以下特点：
（1）建设单位合同结构简单，组织协调工作量小，而且有利于工程造价和建设工期控制。
（2）可以集中联合体各成员单位在资金、技术和管理等方面优势，克服一家单位力不能及的困难，不仅有利于增强竞争能力，同时有利于增强抗风险能力。

3.【答案】BCD
【解析】选项A是平行承包模式的优点。
选项E错误，在平行承包模式中，承包单位之间是平行的，相互间无合同关系。

4.【答案】B
【解析】平行承包是指建设单位将工程项目划分为若干标段，分别发包给多家施工单位承担。

5.【答案】B
【解析】当工程项目包含专业工程类别多、数量大，或专业配套需要时，一家单位无力实行总承包，而建设单位又希望承包方有一个统一的协调组织时，就可能产生几家单位自愿成立一个合作体，然后以合作体名义与建设单位签订工程承包意向合同（基本合同）。

考点 7　CM模式与Partnering模式

1.【答案】D
【解析】CM合同采用成本加酬金方式。代理型和非代理型的CM合同是有区别的。由于代理型合同是建设单位与分包单位直接签订，因此，采用简单的成本加酬金合同形式。而非代理型合同则采用保证最大工程费用（GMP）加酬金的合同形式。

2.【答案】D
【解析】选项A错误，CM单位有代理型和

非代理型两种。代理型的CM单位不负责工程分包的发包,与分包单位的合同由建设单位直接签订。而非代理型的CM单位直接与分包单位签订分包合同。

选项B错误,CM模式组织快速路径的生产方式,使工程项目实现有条件的"边设计、边施工"。

选项C错误,CM单位与分包单位或供货单位之间的合同价是公开的,建设单位可以参与所有分包工程或设备材料采购招标及分包合同或供货合同的谈判。CM单位不赚取总包与分包之间的差价。

3. 【答案】A

【解析】选项A正确,CM合同采用成本加酬金的计价方式。代理型和非代理型的CM合同是有区别的。由于代理型合同是建设单位与分包单位直接签订,因此,采用简单的成本加酬金合同形式。而非代理型合同则采用保证最大工程费用(GMP)加酬金的合同形式。

选项B错误,CM单位有代理型和非代理型两种。代理型的CM单位不负责工程分包的发包,与分包单位的合同由建设单位直接签订。而非代理型的CM单位直接与分包单位签订分包合同。

选项C错误,CM单位与分包单位或供货单位之间的合同价是公开的,建设单位可以参与所有分包工程或设备材料采购招标及分包合同或供货合同的谈判。CM单位不赚取总包与分包之间的差价。

选项D错误,采用CM模式时,施工任务要进行多次分包,施工合同总价不是一次确定。

考点 8 强制实行监理的工程范围

1. 【答案】B

【解析】选项A不符合必须实行监理条件,基础设施、基础产业和支柱产业中的大型项目必须实行监理。

选项B正确,建筑面积在5万平方米以上的住宅建设工程必须实行监理。

选项C不符合必须实行监理条件,使用世界银行、亚洲开发银行等国际组织贷款资金的项目必须实行监理。

选项D不符合必须实行监理条件,总投资额大于3000万元的供水工程必须实行监理。

2. 【答案】ACE

【解析】选项B不符合必须实行监理条件,建筑面积在5万平方米以上的住宅建设工程必须实行监理。

选项D不符合必须实行监理条件,项目总投资额大于3000万元的供水工程必须实行监理。

考点 9 项目监理机构人员职责

1. 【答案】B

【解析】总监理工程师应履行下列职责:

(1)确定项目监理机构人员及其岗位职责。

(2)组织编制监理规划,审批监理实施细则。

(3)根据工程进展及监理工作情况调配监理人员,检查监理人员工作。

(4)组织召开监理例会。

(5)组织审核分包单位资格。

(6)组织审查施工组织设计、(专项)施工方案。

(7)审查开复工报审表,签发工程开工令、暂行令和复工令。

(8)组织检查施工单位现场质量、安全生产管理体系的建立及运行情况。

(9)组织审核施工单位的付款申请,签发工程款支付证书,组织审核竣工结算。

(10)组织审查和处理工程变更。

(11)调解建设单位与施工单位的合同争议,处理工程索赔。

(12)组织验收分部工程,组织审查单位工程质量检验资料。

(13)审查施工单位的竣工申请,组织工程竣工预验收,组织编写工程质量评估报告,参与工程竣工验收。

(14)参与或配合工程质量安全事故的调查和处理。

(15) 组织编写监理月报、监理工作总结，组织整理监理文件资料。

选项 B，检查监理员工作应由专业监理工程师履行。

2. 【答案】BE

【解析】专业监理工程师应履行下列职责：

(1) 参与编制监理规划，负责编制监理实施细则。

(2) 审查施工单位提交的涉及本专业的报审文件，并向总监理工程师报告。

(3) 参与审核分包单位资格。

(4) 指导、检查监理员工作，定期向总监理工程师报告本专业监理工作实施情况。

(5) 检查进场的工程材料、构配件、设备的质量。

(6) 验收检验批、隐蔽工程、分项工程，参与验收分部工程。

(7) 处置发现的质量问题和安全事故隐患。

(8) 进行工程计量。

(9) 参与工程变更的审查和处理。

(10) 组织编写监理日志，参与编写监理月报。

(11) 收集、汇总、参与整理监理文件资料。

(12) 参与工程竣工预验收和竣工验收。

选项 A、C、D 为总监理工程师或总监理工程师代表的职责。

3. 【答案】ABCD

【解析】总监理工程师不得将下列工作委托给总监理工程师代表：

(1) 组织编制监理规划，审批监理实施细则。

(2) 根据工程进展及监理工作情况调配监理人员。

(3) 组织审查施工组织设计、（专项）施工方案。

(4) 签发工程开工令、暂停令和复工令。

(5) 签发工程款支付证书，组织审核竣工结算。

(6) 调解建设单位与施工单位的合同争议，处理工程索赔。

(7) 审查施工单位的竣工申请，组织工程竣工预验收，组织编写工程质量评估报告，参与工程竣工验收。

(8) 参与或配合工程质量安全事故的调查和处理。

选项 E 不符合题意，组织审核分包单位资格可以委托给总监理工程师代表。

4. 【答案】A

【解析】监理员应履行下列职责：

(1) 检查施工单位投入工程的人力、主要设备的使用及运行状况。

(2) 进行见证取样。

(3) 复核工程计量有关数据。

(4) 检查工序施工结果。

(5) 发现施工作业中的问题，及时指出并向专业监理工程师报告。

考点 10　施工单位与项目监理机构相关的工作

1. 【答案】B

【解析】施工单位在施工合同履行中，对于实施监理的工程，施工单位在工程开工前，应将经内部审查通过的施工组织设计报送项目监理机构审查。

2. 【答案】C

【解析】图纸会审和设计交底会议的主持单位是建设单位。

3. 【答案】B

【解析】建设单位在工程开工报审表中签署同意开工的意见后，项目监理机构才能发出工程开工令。

4. 【答案】ABCE

【解析】项目监理机构对施工组织设计的审查包括下列基本内容：

(1) 编审程序是否符合相关规定。

(2) 施工进度、施工方案及工程质量保证措施是否符合施工合同要求。

(3) 资源（资金、劳动力、材料、设备）供应计划是否满足工程施工需要。

(4) 安全技术措施是否符合工程建设强制性标准。

(5)施工总平面布置是否科学合理。

5.【答案】BCD

【解析】工程施工有下列情形之一的,总监理工程师将会及时签发工程暂停令:

(1)建设单位要求暂停施工且工程需要暂停施工的。

(2)施工单位未经批准擅自施工或拒绝项目监理机构管理的。

(3)施工单位未按审查通过的工程设计文件施工的。

(4)施工单位未按批准的施工组织设计、(专项)施工方案施工或违反工程建设强制性标准的。

(5)施工存在重大质量、安全事故隐患或发生质量、安全事故的。

考点 11 工程质量监督内容

1.【答案】D

【解析】工程质量监督机构需要从以下方面对建设工程质量责任主体行为进行监督:

(1)建设单位、勘察单位、设计单位、施工单位、工程监理单位的质量行为是否符合有关法律法规及工程建设标准规定。

(2)建设单位、勘察单位、设计单位、施工单位、工程监理单位的质量管理体系是否健全,质量责任是否得到落实。

(3)建设单位、勘察单位、设计单位、施工单位、工程监理单位的主要质量管理人员是否按规定进行了培训并考核合格。

(4)工程质量监督手续是否依法办理;工程竣工验收报告等是否按规定备案,竣工验收过程和程序是否符合规定。

(5)工程质量事故、投诉举报的调查处理是否符合有关规定,相关质量问题是否按要求整改落实。

选项D错误,工程质量监督机构是对工程质量责任主体行为和工程实体质量进行监督检查,而不是直接负责工程实体质量。

2.【答案】ABCE

【解析】工程质量监督机构在进行工程质量监督时需要检查建设单位等质量责任主体的质量行为是否符合法律法规及标准规定,是否依法办理了工程质量监督手续,主要质量管理人员是否接受了培训并考核合格,竣工验收报告等是否按规定备案。

选项D错误,"工程所用材料的采购程序是否合法"虽然也是工程管理的一部分,但不是工程质量监督机构的监督内容。

考点 12 工程质量监督程序

1.【答案】C

【解析】建设单位在申请办理工程质量监督手续时,需提供下列资料:

(1)施工图设计文件审查报告和批准书。

(2)中标通知书和施工、监理合同。

(3)建设单位、施工单位和工程监理单位的项目负责人和机构组成。

(4)施工组织设计和监理规划(监理实施细则)。

(5)其他需要的文件资料。

2.【答案】B

【解析】建设工程质量监督报告必须由工程质量监督负责人签认,经工程质量监督机构负责人审核同意并加盖单位公章后出具。

3.【答案】ABDE

【解析】建设单位在申请办理工程质量监督手续时,需提供下列资料:

(1)施工图设计文件审查报告和批准书。

(2)中标通知书和施工、监理合同。

(3)建设单位、施工单位和工程监理单位的项目负责人和机构组成。

(4)施工组织设计和监理规划(监理实施细则)。

(5)其他需要的文件资料。

4.【答案】ACE

【解析】工程质量监督准备工作中,检查各方主体行为,确认具备开工条件,包括:

(1)审查工程参建各方质量保证体系。

(2)审查施工组织设计、监理规划和监理实施细则等文件内容及审批手续。

(3) 核查工程参建各方主要管理人员资格。
(4) 检查有关工程质量文件、施工技术资料是否齐全并符合规定。

5.【答案】B
【解析】工程质量监督机构应参加建设单位组织的工程竣工验收,并对现场验收的组织形式、验收程序、执行标准规定等进行重点监督,发现有违反验收规定的行为,应责令改正。

6.【答案】A
【解析】工程质量监督机构收到工程质量监督申报资料后,对于经审核符合要求的,应办理工程质量监督登记手续,并向建设单位签发工程质量监督文件。不符合条件的,应及时告知建设单位进行补报。

考点 13　工程质量监督工作方式

1.【答案】ABCD
【解析】工程质量监督人员通过核查工程参建各方主体的工程质量文件资料,来分析判断工程质量行为及工程实体质量状况。这些工程质量文件资料有:工程审批手续;建设工程合同文件;企业资质证明文件,人员资格证书;质量保证体系文件及资料;原材料、构配件、设备出厂合格证和检测试验报告;施工组织设计、(专项)施工方案;混凝土及砂浆试验报告;施工原始记录(如打桩记录等)、施工日志;各种测试资料(如土质及压实度,钻孔桩动测资料等);测量资料;隐蔽工程质量验收记录,监理日志、监理月报、监理通知等。

2.【答案】C
【解析】随机抽查:按照工程质量监督计划,工程质量监督人员随机抽查关键工点和工序、影响结构安全和使用功能的部位,采用目测、实测、仪器检测等方式检查工程实体质量。

第二节　工程项目管理组织与项目经理

考点 1　工程参建各方主体管理目标和任务

1.【答案】A

【解析】业主方项目管理是指站在业主角度,通过有效控制工程建设进度、质量和投资目标,最终实现工程项目的价值。其中,进度目标是指工程项目交付使用的时间目标;质量目标是指工程特性要满足相关标准规定及业主需求;投资目标是指工程建设总投资。当然,在绿色低碳发展形势下,绿色目标也将成为业主方项目管理的目标。

2.【答案】B
【解析】选项A属于设计执行计划的内容。
选项C属于采购执行计划的内容。
选项D属于试运行执行计划的内容。

3.【答案】D
【解析】采购执行计划应包括下列内容:
(1) 编制依据。
(2) 项目概况。
(3) 采购原则,包括标包划分策略及管理原则、技术、质量、安全、费用和进度控制原则、设备、材料分交原则等。
(4) 采购工作范围和内容。
(5) 采购岗位设置及其主要职责。
(6) 采购进度的主要控制目标和要求,长周期设备和特殊材料专项采购执行计划。
(7) 催交、检验、运输和材料控制计划。
(8) 采购费用控制的主要目标、要求和措施。
(9) 采购质量控制的主要目标、要求和措施。
(10) 采购协调程序。
(11) 特殊采购事项的处理原则。
(12) 现场采购管理要求。
选项D属于施工管理的内容,与采购执行计划无关。

4.【答案】B
【解析】选项A正确,工程设计决定建设质量。
选项B错误,设计单位应在施工过程中进行监督。
选项C正确,设计应考虑技术、经济因素。
选项D正确,设计管理贯穿始终。

5.【答案】BCDE

【解析】工程施工方项目管理目标包括施工进度、质量、成本和安全。在绿色发展形势下，绿色也成为施工项目管理目标。

考点 2　工程项目管理组织结构形式

1. 【答案】C

   【解析】选项A错误，直线式组织结构未设置职能部门，无法实现专业化，不利于提高项目管理水平。

   选项B错误，直线式无横向联系。

   选项D错误，直线式组织结构权力集中，没有分权。

2. 【答案】C

   【解析】选项A错误，"全能式"项目经理是直线式组织结构的特点。

   选项B错误，"职能部门的指令，必须经过同层级领导的批准才能下达"属于直线职能式组织结构的特点。职能式组织结构各个职能部门直接向班组下达指令，无须得到项目经理同意。

   选项D错误，职能式组织结构存在多头领导，使下级执行者接受多方指令，容易造成职责不清。

3. 【答案】D

   【解析】选项A错误，直线职能式组织结构信息传递路径较长。

   选项B错误，容易形成多头领导是职能式组织结构的特点。

   选项C错误，直线职能式组织结构各职能部门之间横向联系差。

4. 【答案】CDE

   【解析】选项A错误，技术部仅可以对甲、丁直接下达指令。

   选项B错误，工程部仅可以对丙直接下达指令。

5. 【答案】B

   【解析】强矩阵式组织结构中，项目经理由企业最高领导任命，并全权负责项目。项目经理直接向最高领导负责，项目组成员的绩效完全由项目经理进行考核，项目组成员只对项目经理负责。

考点 3　责任矩阵

1. 【答案】C

   【解析】选项A错误，编制责任矩阵的首要环节是列出需要完成的项目管理任务；选项A所述内容是编制责任矩阵的第二步。

   选项B错误，责任矩阵编制完成以后是可以进行动态调整的。

   选项D错误，责任矩阵横向统计每个活动投入的总工作量，纵向统计每个角色投入的总工作量。

2. 【答案】C

   【解析】建立责任矩阵的编制程序的第一步列出需要完成的项目管理任务。

3. 【答案】C

   【解析】任务执行者在项目管理中的角色有三种：

   (1) P 代表负责人（Principal）。

   (2) S 代表支持者或参与者（Support）。

   (3) R 代表审核者（Review）。

考点 4　工程总承包项目经理职责和权限

【答案】C

【解析】工程总承包项目经理应具备下列条件：

(1) 取得工程建设类注册执业资格或高级专业技术职称。

(2) 具备决策、组织、领导和沟通能力，能正确处理和协调与项目发包人、项目相关方之间及企业内部各专业、各部门之间的关系。

(3) 具有工程总承包项目管理及相关的经济、法律法规和标准化知识。

(4) 具有类似项目的管理经验。

(5) 具有良好的信誉。

考点 5　施工项目经理职责和权限

1. 【答案】C

   【解析】根据中国建筑业协会制定的团体标准《建设工程施工项目经理岗位职业标准》

(T/CCIAT 0010—2019)，施工项目经理应具备以下条件：
(1) 具有工程建设类相应职业资格，并应取得安全生产考核合格证书。
(2) 具有良好的身体素质，恪守职业道德，诚实守信，不得有不良行为记录。
(3) 具有建设工程施工现场管理经验和项目管理业绩，并应具备下列专业知识和能力：①施工项目管理范围内的工程技术、管理、经济、法律法规及信息化知识；②施工项目实施策划和分析解决问题的能力；③施工项目目标管理及过程控制的能力；④组织、指挥、协调与沟通能力。

2.【答案】BCE
【解析】选项 A 错误，项目经理在授权范围内组织编制和落实项目管理实施规划。
选项 D 错误，确保项目建设资金落实到位属于建设单位的工作。

3.【答案】BCD
【解析】施工项目经理应具有但不限于下列权限：
(1) 参与项目投标及施工合同签订。
(2) 参与组建项目经理部，提名项目副经理、项目技术负责人，选用项目团队成员。
(3) 主持项目经理部工作，组织制定项目经理部管理制度。
(4) 决定企业授权范围内的资源投入和使用。
(5) 参与分包合同和供货合同签订。
(6) 在授权范围内直接与项目相关方进行沟通。
(7) 根据企业考核评价办法组织项目团队成员绩效考核评价，按企业薪酬制度拟定项目团队成员绩效工资分配方案，提出不称职管理人员解聘建议。
选项 A 错误，项目经理参与项目的投标工作。
选项 E 错误，项目经理主持项目经理部工作。

第三节 工程项目管理规划与动态控制

考点 1 项目管理规划大纲

1.【答案】B
【解析】项目管理规划大纲编制程序的第一步是明确项目需求和项目管理范围；选项 A、C、D 均属于后续步骤。

2.【答案】D
【解析】项目管理规划应包括项目管理规划大纲和项目管理实施规划两类文件。

3.【答案】C
【解析】项目管理规划大纲的编制工作程序如下：
(1) 明确项目需求和项目管理范围。
(2) 确定项目管理目标。
(3) 分析项目实施条件，进行项目工作结构分解。
(4) 确定项目管理组织模式、组织结构和职责分工。
(5) 规定项目管理措施。
(6) 编制项目资源计划。
(7) 报送审批。

考点 2 项目管理实施规划

1.【答案】D
【解析】项目管理实施规划的编制工作程序：
(1) 了解相关方的要求。
(2) 分析项目具体特点和环境条件。
(3) 熟悉相关的法规和文件。
(4) 实施编制活动。
(5) 履行报批手续。

2.【答案】C
【解析】项目管理实施规划的编制工作程序：
(1) 了解相关方的要求。
(2) 分析项目具体特点和环境条件。
(3) 熟悉相关的法规和文件。
(4) 实施编制活动。
(5) 履行报批手续。

考点 3 施工组织总设计

1.【答案】BCD

【解析】施工总进度计划可按以下程序编制：
(1) 计算工程量。
(2) 确定各单位工程施工期限。
(3) 确定各单位工程的开竣工时间和相互搭接关系。
(4) 编制初步施工总进度计划。
(5) 形成正式的施工总进度计划。

2. 【答案】A
【解析】施工总平面布置原则：
(1) 平面布置科学合理，施工场地占用面积少。
(2) 合理组织运输，减少二次搬运。
(3) 施工区域划分和场地临时占用应符合总体施工部署和施工流程要求，减少相互干扰。
(4) 充分利用既有建（构）筑物和既有设施为工程施工服务，降低临时设施建造费用。
(5) 临时设施应方便生产、生活，办公区、生活区和生产区宜分离设置。
(6) 符合节能、环保、安全和消防等要求。
(7) 遵守工程所在地政府建设主管部门和建设单位关于施工现场安全文明施工的相关规定。

3. 【答案】ABCD
【解析】施工组织设计的编制依据：
(1) 工程建设有关法律法规及政策。
(2) 工程建设标准和技术经济指标。
(3) 工程设计文件。
(4) 工程招标投标文件或施工合同文件。
(5) 工程现场条件，工程地质及水文地质、气象等自然条件。
(6) 与工程有关的资源供应情况。
(7) 施工单位的生产能力、机具设备状况及技术水平等。

4. 【答案】ABDE
【解析】施工组织总设计的主要内容：
(1) 工程概况。
(2) 总体施工部署。
(3) 施工总进度计划。
(4) 总体施工准备与主要资源配置计划。

(5) 主要施工方法。
(6) 施工总平面布置。
选项C属于施工方案的内容。

考点 4 单位工程施工组织设计

1. 【答案】ABD
【解析】单位工程施工准备与资源配置计划：
(1) 施工准备，包括技术准备、现场准备和资金准备等。
(2) 资源配置计划，包括劳动力配置计划和物资配置计划（材料和设备、周转材料、施工机具的配置计划）。

2. 【答案】D
【解析】最小工作面限定了每班安排人数的上限，最小劳动组合限定了每班安排人数的下限。

3. 【答案】B
【解析】单位工程施工进度计划的编制程序：
(1) 划分工作项目。
(2) 确定施工顺序。
(3) 计算工程量。
(4) 计算劳动量和机械台班数。
(5) 确定工作项目的持续时间。

考点 5 施工方案

【答案】BCD
【解析】施工方案的主要内容包括：工程概况；施工进度计划；施工准备与资源配置计划；施工安排；施工方法及工艺要求。

考点 6 施工组织设计的编制、审批及动态管理

1. 【答案】D
【解析】选项A、B错误，施工组织总设计和单位工程施工组织设计都是由项目负责人主持编制，施工组织总设计由总承包单位技术负责人审批，单位工程施工组织设计应由施工单位技术负责人审批。施工部署是对工程施工过程进行统筹规划和全面安排，包括工程项目施工目标、进度安排及空间组织、施工组织安排等。
选项C错误，施工组织设计包括三个层次：

施工组织总设计、单位工程施工组织设计、施工方案。

2.【答案】A

【解析】重点、难点分部（分项）工程和专项工程施工方案应由施工单位技术部门组织相关专家评审，施工单位技术负责人批准。

3.【答案】C

【解析】由专业承包单位施工的分部（分项）工程或专项工程的施工方案，应由专业承包单位技术负责人或技术负责人授权的技术人员审批。

4.【答案】ABCE

【解析】工程施工过程中发生以下情况之一时，施工组织设计应及时进行修改或补充：
(1) 工程设计有重大修改。
(2) 有关法律、法规、规范和标准实施、修订和废止。
(3) 主要施工方法有重大调整。
(4) 主要施工资源配置有重大调整。
(5) 施工环境有重大改变。

考点 7　工程项目目标体系构建

1.【答案】C

【解析】选项A错误，目标体系包含定性与定量分析方法。
选项B错误，不同工程项目的优先等级根据具体情况确定。
选项C正确，工程建设强制性标准涉及人民生命财产安全等重要方面，因此要确保得到满足。
选项D错误，不同工程项目的各个目标可能具有不同的优先等级。

2.【答案】ABD

【解析】选项C错误，不同标段目标属于按承包单位分解的目标。
选项E错误，有的工程项目工期紧迫，有的工程项目资金紧张，有的工程项目技术复杂等，从而决定了进度、质量、成本、安全及绿色目标在不同工程项目中具有不同的优先等级。

考点 8　工程项目目标动态控制过程及措施

1.【答案】B

【解析】选项A错误，编制项目管理规划属于技术措施。
选项B正确，明确岗位职责分工是建立健全组织机构和规章制度中的内容，属于组织措施。
选项C错误，改进施工方法和施工工艺属于技术措施。
选项D错误，进行技术经济分析属于经济措施。

2.【答案】B

【解析】选项A属于组织措施；选项C属于技术措施；选项D属于经济措施。

3.【答案】C

【解析】选项A属于组织措施；选项B属于合同措施；选项D属于经济措施。

4.【答案】ACE

【解析】经济措施：工程项目归根结底是一项投资的实现，从工程项目的提出到实施，始终伴随着资金的筹集和使用。倘若在工程项目目标控制中忽视经济措施，不仅会使工程成本目标难以实现，而且会影响工程项目其他目标的实现。为此，需要明确工程责任成本，落实加快工程进度所需资金，完善工程成本节约奖励措施，对工程变更方案进行技术经济分析，及时办理工程价款结算和支付手续等。
选项B属于组织措施。
选项D属于合同措施。

第二章 建设工程项目管理相关体系标准

第一节 质量、环境、职业健康安全管理体系

考点 1 质量管理体系标准结构及关键要素

【答案】C

【解析】组织通常对过程进行策划,并使其在受控条件下运行,以实现增值目的。

考点 2 质量管理基本原则和核心

1.【答案】ABCD

【解析】质量管理原则具体内容:

(1) 以顾客为关注焦点。

(2) 领导作用。

(3) 全员积极参与。

(4) 过程方法。

(5) 改进。

(6) 循证决策。

(7) 关系管理。

2.【答案】C

【解析】质量管理过程方法原则:将活动作为相互关联、功能连贯的过程组成的体系来理解和管理时,可以更加有效和高效地得到一致的、可预知的结果。

考点 3 环境管理体系标准分类及核心标准

【答案】BCE

【解析】按体系标准性质分类,环境管理体系标准可分为基础标准、管理标准和技术标准。基础标准又称为术语标准。

考点 4 环境管理体系的基本理念和核心内容

1.【答案】C

【解析】环境管理体系基本理念:

(1) 持续改进。

(2) 法律合规。

(3) 风险管理。

(4) 绩效评估。

(5) 沟通与参与。

(6) 资源管理。

(7) 培训和意识。

2.【答案】ABCD

【解析】《环境管理体系 要求及使用指南》(GB/T 24001—2016)中的"支持"部分包括五方面内容:①资源;②能力;③意识;④信息交流;⑤文件化信息。

考点 5 职业健康安全管理体系标准的特点

【答案】A

【解析】职业健康安全管理体系的系统化管理通过三个方面实现:

(1) 组织职责系统化。

(2) 风险管控系统化。

(3) 管理过程系统化。

选项B、C、D均为职业健康安全管理体系的特点。

考点 6 职业健康安全管理体系标准要素及应用要求

1.【答案】D

【解析】职业健康安全方针:最高管理者应建立、实施并保持职业健康安全方针,明确职业健康安全方针的要求和内容。

2.【答案】D

【解析】《职业健康安全管理体系要求及使用指南》(GB/T 45001—2020)中的"运行"部分:

(1) 运行策划和控制。

(2) 应急准备和响应。

考点 7 卓越绩效管理

1.【答案】B

【解析】实施卓越绩效管理已成为各国提升企业竞争力,以及组织自身实现持续改进、保持并不断增强竞争优势的有效途径。

2.【答案】BCE

【解析】提供组织运行方法和技术的基本理念：
(1) 重视过程与关注结果。
(2) 学习、改进与创新。
(3) 系统管理。

3.【答案】CDE

【解析】"资源""过程管理""结果"构成"过程结果"三角，强调如何充分调动组织中人的积极性和能动性，通过组织中的人在各个业务流程中发挥作用和过程管理的规范，高效地实现组织所追求的经营结果。

考点 8　全面一体化管理

1.【答案】C

【解析】选项 A 错误，狭义的全面一体化管理体系也称为"三标一体化管理体系"，但广义的全面一体化管理体系还包括卓越绩效管理等要求。
选项 B 错误，全面一体化管理不仅强调卓越绩效管理，还融合了其他管理要求。
选项 C 正确，全面一体化管理是指组织在其所有领域以质量、环境、职业健康安全为核心，并依据国际管理体系标准框架实施的管理途径。
选项 D 错误，全面一体化管理体系是组织管理体系的基本要求，且追求卓越绩效管理。

2.【答案】B

【解析】建筑企业建立全面一体化管理体系至少应具备以下条件：
(1) 初步确定了方针目标。
(2) 基本确定了管理体系的主要过程及其需要开展的主要活动。
(3) 明确了组织机构设置或调整的方案。
(4) 已完成组织职能的再分配。

3.【答案】C

【解析】企业新建立全面一体化管理体系时，管理体系文件一般按管理手册（含管理方针）、程序文件、工作指导书和记录的顺序进行编制。

4.【答案】ABCD

【解析】全面一体化管理体系文件的编制原则：
(1) 系统协调原则。
(2) 合理优化原则。
(3) 操作可行原则。
(4) 证实检查原则。

第二节　风险管理与社会责任管理体系

考点 1　风险管理体系

1.【答案】B

【解析】风险管理"三轮"中的原则轮的核心是"创造和保护价值"。

2.【答案】A

【解析】风险识别的目的是发现、确认和描述可能有助于或妨碍组织实现目标的风险，采用相关、适当、最新的信息对于识别风险非常重要。

考点 2　社会责任管理体系

1.【答案】B

【解析】社会责任原则：
(1) 担责。
(2) 透明。
(3) 合乎道德的行为。
(4) 尊重利益相关方利益。
(5) 尊重法治。
(6) 尊重国际行为规范。
(7) 尊重人权。

2.【答案】ABCD

【解析】社会责任报告的编写和发布宜遵循"完整全面、客观准确、明确回应、及时可比、易读易懂、获取方便"的原则。

3.【答案】D

【解析】ESG 是从环境、社会和公司治理三个维度来衡量企业经营的可持续性与对社会价值观念的影响。

4.【答案】C

【解析】社会责任与 ESG 具有明显的相似

之处：

（1）均强调超越传统的财务或利润目标，要求更加全面地考量企业的经营活动对人、社会和环境等的多重影响，更加强调企业与所有利益相关方的关系，更加关注企业短期利益与中长期利益的平衡。

（2）均关注环境、社会等具体细分内容，且两者有诸多重合。

（3）在企业内部通常会由同一或相关部门统筹落实，也会在同一专栏对外进行信息披露。

选项C描述的是社会责任更加注重的"性质"体现，而非两者的相似之处。

5. 【答案】ACD

【解析】选项B错误，社会责任与ESG通常由同一或相关部门落实。

选项E错误，社会责任与ESG在对外信息披露时通常会在同一专栏进行。

第三节　项目管理标准体系

考点 1　项目管理标准及价值交付

1. 【答案】B

【解析】项目管理原理：企业应遵循策划、实施、检查、处置（PDCA）的动态管理原理，确定项目管理流程，建立项目管理制度，实施项目系统管理，持续改进管理绩效，提高相关方满意水平，确保实现项目管理目标。

2. 【答案】D

【解析】选项A错误，价值交付系统包含项目组合、项目群、项目、产品和运营等多种组件。

选项B错误，组织治理体系是价值交付系统的重要组成部分，负责监督、控制、价值评

估及决策能力等。

选项C错误，项目环境会对价值交付产生不同程度的影响。

考点 2　项目群与项目组合管理

1. 【答案】B

【解析】选项A正确，体现了项目群管理必要性评估的内容。

选项B错误，项目群管理的一致性宜具有战略依据和关系，并在组织层级上达到系统、程序与过程的一致。

选项C正确，符合项目群角色和责任划分的要求。

选项D正确，反映了组织层面合理性分析的相关内容。

2. 【答案】C

【解析】选项A、B、D描述的都是通过协调管理项目群组件来实现的内部项目群管理收益。

选项C实现组织战略或运营目标属于外部项目群收益。

3. 【答案】ABDE

【解析】选项A正确，项目组合能力是指组织通过资源利用来实现其战略目标的能力。

选项B正确，决策者需要对项目组合中的工作是否能完成进行判断。

选项C错误，项目组合限制可能来自内部也可能来自外部。

选项D正确，组织应该对内部限制进行控制。

选项E正确，对于外部限制，组织可以选择影响、遵守或采取相应的应对措施。

4. 【答案】B

【解析】项目组合结构最少可以由两项项目组合组件构成。

第三章 建设工程招标投标与合同管理

第一节 工程招标与投标

考点 1 招标方式

1. 【答案】D
   【解析】选项D错误,以招标公告的方式发出投标邀请,针对的是公开招标。

2. 【答案】D
   【解析】选项A、B、C属于邀请招标的特点。

3. 【答案】BCDE
   【解析】与公开招标方式相比,采用邀请招标方式的优点是不需要发布招标公告和设置资格预审程序,可节约招标费用、缩短招标时间。而且,由于招标人比较了解投标人以往业绩和履约能力,可减少合同履行过程中承包商违约的风险。采用邀请招标方式的缺点是,由于邀请对象的选择面窄、范围较小,有可能会排除某些在技术上或报价上有竞争力的潜在投标人,因而使投标竞争的激烈程度相对较差,进而会提高中标合同价。

考点 2 招标程序

1. 【答案】B
   【解析】针对工期不超过12个月、技术相对简单且设计和施工不是由同一承包人承担的小型项目施工招标,国家发展改革委等九部委联合发布了《简明标准施工招标文件》。

2. 【答案】ABC
   【解析】施工招标准备工作主要包括组建招标组织、办理招标申请手续、进行招标策划、编制资格预审文件和招标文件等。

3. 【答案】AC
   【解析】选项A错误,招标人和中标人应在中标通知书发出之日起30日内,根据招标文件和中标人的投标文件订立书面合同。选项C错误,中标人无正当理由拒签合同

的,其投标保证金不予退还。

4. 【答案】D
   【解析】评标委员会的专家成员应从依法组建的专家库中,采取随机抽取或者直接确定的方式确定。对于一般项目,可以采取随机抽取的方式;对于技术复杂、专业性强或者国家有特殊要求的招标项目,采取随机抽取方式确定的专家难以保证胜任的,可以由招标人直接确定。

5. 【答案】D
   【解析】潜在投标人或者其他利害关系人对资格预审文件有异议的,应当在提交资格预审申请文件截止时间2日前向招标人提出。

6. 【答案】D
   【解析】国有资金占控股或者主导地位的依法必须进行招标的项目,招标人应组建资格审查委员会审查资格预审申请文件。

7. 【答案】B
   【解析】投标人须知前附表规定召开投标预备会的,招标人应按投标人须知前附表规定的时间和地点召开投标预备会。

8. 【答案】D
   【解析】评标委员会的专家成员应从依法组建的专家库中,采取随机抽取或者直接确定的方式确定。对于一般项目,可以采取随机抽取的方式;对于技术复杂、专业性强或者国家有特殊要求的招标项目,采取随机抽取方式确定的专家难以保证胜任的,可以由招标人直接确定。

9. 【答案】BCD
   【解析】施工招标文件初步评审属于对投标文件的合格性审查,评审内容包括形式评审、资格评审、响应性评审、施工组织设计和项目管理机构评审标准四个方面。

10. 【答案】A

【解析】施工招标文件包括下列内容：招标公告或投标邀请书；投标人须知；评标办法；合同条款及格式；工程量清单；图纸；技术标准和要求；投标文件格式；投标人须知前附表规定的其他材料。此外，招标人对招标文件所作的澄清、修改，也构成招标文件的组成部分。

考点 3 合同计价方式分类

1. 【答案】B

   【解析】单价合同是指承包单位在投标时按工程量清单中的分项工作内容填报单价，然后以实际完成工程量乘以所报单价计算工程价款的合同。

2. 【答案】BDE

   【解析】采用可调单价合同时，合同双方可以估算工程量为基准，约定实际工程量的变化超过一定比例时合同单价的调整方式。合同双方也可约定，当市场价格变化达到一定程度或国家政策发生变化时，可以对哪些工程内容的单价进行调整，以及如何进行调整。

3. 【答案】ABD

   【解析】固定总价合同一般适用于下列情形：
   (1) 招标时已有施工图设计文件，施工任务和发包范围明确，合同履行中不会出现较大设计变更。
   (2) 工程规模较小、技术不太复杂的中小型工程或承包工作内容较为简单的工程部位，承包单位可在投标报价时合理地预见施工过程中可能遇到的各种风险。
   (3) 工程量小、工期较短（一般为1年之内），合同双方可不必考虑市场价格浮动对承包价格的影响。

4. 【答案】ACE

   【解析】可调总价合同常用的调价方法：文件证明法、票据价格调整法、公式调价法。

5. 【答案】D

   【解析】不能激励承包人努力降低成本和缩短工期的合同形式是成本加固定百分比酬金

合同。

6. 【答案】ACDE

   【解析】选项B错误，成本加固定百分比酬金合同，建设单位不能激励施工单位缩短工期和降低成本。

7. 【答案】CD

   【解析】从理论上讲，成本加浮动酬金合同对建设单位和施工单位都没有太大风险，且又能促使施工单位关心成本降低和缩短工期。目标成本加奖罚合同有利于鼓励施工单位降低成本和缩短工期，建设单位和施工单位都不会承担太大风险。

考点 4 合同计价方式比较与选择

1. 【答案】C

   【解析】采用总价合同，施工承包单位风险大，建设单位容易进行造价控制。

2. 【答案】C

   【解析】选项中，成本加固定酬金合同施工承包单位承担造价控制风险最小。

3. 【答案】C

   【解析】对于紧急工程，要求尽快开工且工期较紧，可能没有施工图纸，施工单位无法报出合理价格，故采用成本加酬金合同较为合适。

考点 5 施工投标报价策略

1. 【答案】BC

   【解析】不平衡报价法适用于以下几种情况：
   (1) 能够早日结算的项目可以适当提高报价，以利于资金周转，提高资金时间价值。后期工程项目的报价可适当降低。
   (2) 经过工程量核算，预计今后工程量会增加的项目，适当提高单价，这样在最终结算时可多盈利；而对于将来工程量有可能减少的项目，适当降低单价，这样在工程结算时不会有太大损失。
   (3) 设计图纸不明确、估计修改后工程量要增加的，可以提高单价；而工程内容说明不清楚的，则可降低一些单价，在工程实施阶段通过索赔再寻求提高单价的机会。

（4）对暂定项目要做具体分析。如果工程不分标，不会另由一家承包单位施工，则其中肯定要施工的单价可报高些，不一定要施工的则应报低些。如果工程分标，该暂定项目也可能由其他承包单位施工时，则不宜报高价，以免抬高总报价。

（5）单价与包干混合制合同中，招标人要求有些项目采用包干报价时，宜报高价。对于其余单价项目，则可适当降低报价。

（6）有时招标文件要求投标人对工程量大的项目报"综合单价分析表"，投标时可将单价分析表中的人工费及机械设备费报得高一些，而材料费报得低一些。

2.【答案】BCD

【解析】选项A错误，能够早日结算的项目（如前期措施费、基础工程、土石方工程等）可以适当提高报价，以利于资金周转，提高资金时间价值。

选项E错误，单价与包干混合制合同中，招标人要求有些项目采用包干报价时，宜报高价。

3.【答案】A

【解析】招标人规定了暂定金额的分项内容和暂定总价款，并规定所有投标单位都必须在总报价中加入这笔固定金额，但由于分项工程量不是很准确，允许将来按投标单位所报单价和实际完成的工程量付款。这种情况下，由于暂定总价款是固定的，对各投标人的总报价水平没有任何影响，因此，投标时应适当提高暂定金额的单价。

4.【答案】C

【解析】突然降价法要求施工单位在关键时刻做出正确判断，需要全面掌握和分析信息的能力。选项A、B、D属于投标成功后施工管理的相关能力，并非直接关系到突然降价法的实施。

5.【答案】C

【解析】多方案报价法适用于招标文件中工程范围不明确，条款不清楚或不公正，或技术规范要求过于苛刻的工程。采用多方案报

价法，可降低投标风险，但投标工作量较大。

考点 6　施工投标文件

1.【答案】ABC

【解析】施工投标文件通常包括技术标书、商务标书、投标函及其他有关文件三部分内容。

2.【答案】B

【解析】选项A错误，投标文件校对时，对于较为关键的内容，如工程总报价，至少应由两人各自分别校对一遍。

选项C错误，特殊重大工程项目，在校对完后需要再交由相关负责人审核。

选项D错误，校对不仅仅关注文字表述，还包括漏页、页码错误等。

考点 7　工程总承包招标要求

1.【答案】ABE

【解析】工程总承包招标文件应包括下列内容：

（1）招标公告或投标邀请书。

（2）投标人须知。

（3）评标办法。

（4）合同条款及格式。

（5）发包人要求。

（6）发包人提供的资料。

（7）投标文件格式。

（8）投标人须知前附表规定的其他材料。

此外，招标人对招标文件的澄清、修改，也构成招标文件的组成部分。

2.【答案】B

【解析】招标人对符合招标文件规定的未中标人的设计成果进行补偿的，按投标人须知前附表规定给予补偿，并有权免费使用未中标人设计成果等。

第二节　工程合同管理

考点 1　施工合同文件的组成及优先解释顺序

1.【答案】D

【解析】解释合同文件的优先顺序为：①合同协议书；②中标通知书；③投标函及投标函附录；④专用合同条款；⑤通用合同条款；⑥技术标准和要求；⑦图纸；⑧已标价工程量清单；⑨其他合同文件。

2.【答案】D

【解析】除专用合同条款另有约定外，解释合同文件的优先顺序如下：①合同协议书；②中标通知书；③投标函及投标函附录；④专用合同条款；⑤通用合同条款；⑥技术标准和要求；⑦图纸；⑧已标价工程量清单；⑨其他合同文件。

3.【答案】C

【解析】除专用合同条款另有约定外，解释合同文件的优先顺序如下：①合同协议书；②中标通知书；③投标函及投标函附录；④专用合同条款；⑤通用合同条款；⑥技术标准和要求；⑦图纸；⑧已标价工程量清单；⑨其他合同文件。

考点 2 施工合同订立管理

1.【答案】AE

【解析】发包人应提供施工场地的地下管线和地下设施等资料，组织设计单位进行设计交底。

2.【答案】B

【解析】承包人在施工过程中负责管理施工控制网点，对丢失或损坏的施工控制网点应及时修复，并在工程竣工后将施工控制网点移交发包人。

3.【答案】A

【解析】选项 B、C、D 都属于发包人的义务。

4.【答案】A

【解析】发包人应委托监理人发出开工通知，监理人应在开工日期 7 天前向承包人发出开工通知。

考点 3 施工进度管理

1.【答案】BCDE

【解析】在履行合同过程中，由于发包人的下列原因造成工期延误的，承包人有权要求发包人延长工期和（或）增加费用，并支付合理利润：

(1) 增加合同工作内容。

(2) 改变合同中任何一项工作的质量要求或其他特性。

(3) 发包人迟延提供材料、工程设备或变更交货地点。

(4) 因发包人原因导致的暂停施工。

(5) 提供图纸延误。

(6) 未按合同约定及时支付预付款、进度款。

2.【答案】B

【解析】监理人征得发包人同意后，应在开工日期 7 天前向承包人发出开工通知，合同工期自开工通知中载明的开工日起计算。

3.【答案】A

【解析】监理人应在开工日期 7 天前向承包人发出开工通知。监理人在发出开工通知前应获得发包人同意。工期自监理人发出的开工通知中载明的开工日期起计算。

4.【答案】A

【解析】因下列情形暂停施工增加的费用和（或）工期延误由承包人承担：

(1) 承包人违约引起的暂停施工。

(2) 由于承包人原因为工程合理施工和安全保障所必需的暂停施工。

(3) 承包人擅自暂停施工。

(4) 承包人其他原因引起的暂停施工。

考点 4 施工质量管理

1.【答案】BC

【解析】承包人应根据合同进度计划安排，向监理人报送要求发包人交货的日期计划。发包人应在材料和工程设备到货 7 天前通知承包人，承包人应会同监理人在约定的时间内，赴交货地点共同进行验收。发包人提供的材料和工程设备验收后，由承包人负责接收、运输和保管。

2. 【答案】C

【解析】选项A错误，监理人未按合同约定的时间进行检查的，除监理人另有指示外，承包人可自行完成覆盖工作，并作相应记录报送监理人，监理人应签字确认。

选项B错误，承包人按合同约定覆盖工程隐蔽部位后，监理人对质量有疑问的，可要求承包人对已覆盖的部位进行钻孔探测或揭开重新检验，承包人应遵照执行，并在检验后重新覆盖恢复原状。

选项D错误，经检验证明工程质量符合合同要求的，由发包人承担由此增加的费用和（或）工期延误，并支付承包人合理利润；经检验证明工程质量不符合合同要求的，由此增加的费用和（或）工期延误由承包人承担。

3. 【答案】C

【解析】承包人未通知监理人到场检查，私自将工程隐蔽部位覆盖的，监理人有权指示承包人钻孔探测或揭开检查，由此增加的费用和（或）工期延误由承包人承担。

考点 5 工程计量与支付管理

1. 【答案】CD

【解析】选项A错误，预付款支付比例不得低于签约合同价（扣除暂列金额）的10%。

选项B错误，发包人应在开工后的28天内预付。

选项E错误，预付款扣完后的14天内将预付款保函退还给承包人。

2. 【答案】B

【解析】政府机关、事业单位、国有企业建设工程进度款支付应不低于已完成工程价款的80%。

3. 【答案】B

【解析】包工包料工程的预付款支付比例不得低于签约合同价（扣除暂列金额）的10%，不宜高于签约合同价（扣除暂列金额）的30%。

4. 【答案】C

【解析】发包人应在工程开工后的28天内预付不低于当年施工进度计划的安全文明施工费总额的60%，其余部分按照提前安排的原则进行分解，与进度款同期支付。

考点 6 施工安全与环境保护

1. 【答案】BCD

【解析】承包人的施工安全责任：承包人应按合同约定的安全工作内容编制施工安全措施计划，应按监理人的指示制定应对灾害的紧急预案。施工安全措施计划和应对灾害的紧急预案均应报送监理人审批。承包人应严格按照国家安全标准制定施工安全操作规程，配备必要的安全生产和劳动保护设施，加强对承包人人员的安全教育，并发放安全工作手册和劳动保护用具。承包人应对其履行合同所雇佣的全部人员，包括分包人人员的工伤事故承担责任，但由于发包人原因造成承包人人员工伤事故的，应由发包人承担责任。由于承包人原因在施工场地内及其毗邻地带造成的第三者人员伤亡和财产损失，由承包人负责赔偿。

2. 【答案】C

【解析】选项A错误，承包人编制的施工环保措施计划需要报送监理人审批。

选项B错误，承包人需要负责施工废弃物的有序堆放与处理。

选项C正确，承包人需要对其施工废弃物处理不当造成的环境影响承担责任。

选项D错误，承包人需要按照国家标准定期监测饮用水源，防止污染。

考点 7 变更管理

1. 【答案】B

【解析】没有监理人的变更指示，承包人不得擅自变更。变更指示只能由监理人发出。

2. 【答案】B

【解析】已标价工程量清单中无适用或类似子目的单价，可按照成本加利润的原则，由监理人和合同当事人商定或确定变更工作的单价。

3. 【答案】C

【解析】根据《标准施工招标文件》中通用合同条款的规定，除专用合同条款另有约定外，在履行合同中发生以下情形之一，应按照规定进行变更：

(1) 取消合同中任何一项工作，但被取消的工作不能转由发包人或其他人实施。

(2) 改变合同中任何一项工作的质量或其他特性。

(3) 改变合同工程的基线、标高、位置或尺寸。

(4) 改变合同中任何一项工作的施工时间或改变已批准的施工工艺或顺序。

(5) 为完成工程需要追加的额外工作。

4. 【答案】C

【解析】选项A、B错误，经发包人同意，监理人可按合同约定的变更程序向承包人作出变更指示，承包人应遵照执行。没有监理人的变更指示，承包人不得擅自变更。

选项D错误，监理人收到承包人书面建议后，应与发包人共同研究，确认存在变更的，应在收到承包人书面建议后的14天内作出变更指示。

5. 【答案】ABDE

【解析】变更指示应说明变更的目的、范围、变更内容以及变更的工程量及其进度和技术要求，并附有关图纸和文件。

6. 【答案】B

【解析】该土方工程结算金额=2×(1+15%)×83+[2.7−2×(1+15%)]×80=222.9（万元）。

7. 【答案】ABCE

【解析】采用计日工计价的任何一项工作，承包人应在该项工作实施过程中，每天提交以下报表和有关凭证报送监理人审批：

(1) 工作名称、内容和数量。

(2) 投入该工作的所有人员的姓名、专业、工种、级别和耗用工时。

(3) 投入该工作的材料类别和数量。

(4) 投入该工作的施工设备型号、台数和耗用台时。

(5) 监理人要求提交的其他有关资料和凭证。

考点 8 竣工验收

1. 【答案】D

【解析】除专用合同条款另有约定外，承包人应按专用合同条款约定进行工程及工程设备试运行，承包人承担全部试运行费用。

2. 【答案】C

【解析】除专用合同条款另有约定外，经验收合格工程的实际竣工日期，以提交竣工验收申请报告的日期为准，并在工程接收证书中写明。

3. 【答案】A

【解析】除合同另有约定外，工程接收证书颁发后，承包人应按要求对施工场地进行清理，直至监理人检验合格为止。竣工清场费用由承包人承担。

4. 【答案】C

【解析】工程接收证书颁发后的56天内，除了经监理人同意需在缺陷责任期内继续工作和使用的人员、施工设备和临时工程外，其余的人员、施工设备和临时工程均应撤离施工场地或拆除。

考点 9 不可抗力

1. 【答案】BD

【解析】除专用合同条款另有约定外，不可抗力导致的人员伤亡、财产损失、费用增加和（或）工期延误等后果，由合同双方按以下原则承担：

(1) 永久工程，包括已运至施工场地的材料和工程设备的损害，以及因工程损害造成的第三者人员伤亡和财产损失由发包人承担。

(2) 承包人设备的损坏由承包人承担。

(3) 发包人和承包人各自承担其人员伤亡和其他财产损失及其相关费用。

(4) 承包人的停工损失由承包人承担，但停工期间应监理人要求照管工程和清理、修复工程的金额由发包人承担。

（5）不能按期竣工的，应合理延长工期，承包人不需支付逾期竣工违约金。发包人要求赶工的，承包人应采取赶工措施，赶工费用由发包人承担。

2.【答案】AD

【解析】除专用合同条款另有约定外，不可抗力导致的人员伤亡、财产损失、费用增加和（或）工期延误等后果，由合同双方按以下原则承担：

（1）永久工程，包括已运至施工场地的材料和工程设备的损害，以及因工程损害造成的第三者人员伤亡和财产损失由发包人承担。

（2）承包人设备的损坏由承包人承担。

（3）发包人和承包人各自承担其人员伤亡和其他财产损失及其相关费用。

（4）承包人的停工损失由承包人承担，但停工期间应监理人要求照管工程和清理、修复工程的金额由发包人承担。

（5）不能按期竣工的，应合理延长工期，承包人不需支付逾期竣工违约金。发包人要求赶工的，承包人应采取赶工措施，赶工费用由发包人承担。

考点 10　索赔管理

1.【答案】BE

【解析】选项A、C可以索赔工期、费用和利润。选项D只能索赔费用。

2.【答案】C

【解析】因发包人原因暂停施工后无法按时复工，这是由于发包人的原因造成承包人损失，所以承包人可以索赔费用、工期和利润。

3.【答案】B

【解析】承包人应在发出索赔意向通知书后28天内，向监理人正式递交索赔通知书。

4.【答案】B

【解析】根据《标准施工招标文件》中的通用合同条款，承包人提出索赔的期限如下：

（1）承包人按合同约定接受了竣工付款证书后，应被认为已无权再提出在合同工程接收证书颁发前所发生的任何索赔。

（2）承包人按合同约定提交的最终结清申请单中，只限于提出工程接收证书颁发后发生的索赔。提出索赔的期限自接受最终结清证书时终止。

考点 11　违约责任

1.【答案】C

【解析】承包人发生违约情况时，监理人应向承包人发出整改通知，承包人仍不纠正违法行为时，发包人可向承包人发出解除合同通知。

2.【答案】ABDE

【解析】在履行合同过程中发生的下列情形，属发包人违约：

（1）发包人未能按合同约定支付预付款或合同价款，或拖延、拒绝批准付款申请和支付凭证，导致付款延误的。

（2）发包人原因造成停工的。

（3）监理人无正当理由没有在约定期限内发出复工指示，导致承包人无法复工的。

（4）发包人无法继续履行或明确表示不履行或实质上已停止履行合同的。

考点 12　争议的解决

【答案】B

【解析】选项A错误，争议评审由合同管理和工程实践经验的专家组成。

选项C错误，双方不接受评审意见的，收到评审意见后14天内将仲裁或起诉意向书面通知另一方。

选项D错误，仲裁或诉讼结束前应暂按总监理工程师的确定执行。

考点 13　施工合同纠纷审理相关规定

【答案】B

【解析】选项A错误，由于承包人原因导致开工时间推迟的，开工通知载明的时间为开工日期。

选项C错误，因发包人原因未按约定期限竣工验收，未约定返还质量保证金期限的，以承包人提交工程竣工验收报告90日后满2年返还质量保证金。

选项D错误，当双方订立数份无效合同时，且工程质量合格，参照实际履行的合同折价补偿承包人。

考点 14　设计施工总承包合同文件的组成及优先解释顺序

1. 【答案】C

【解析】除专用合同条款另有约定外，解释合同文件的优先顺序如下：①合同协议书；②中标通知书；③投标函及投标函附录；④专用合同条款；⑤通用合同条款；⑥发包人要求；⑦承包人建议书；⑧价格清单；⑨其他合同文件。

2. 【答案】ABCD

【解析】功能要求的内容：工程目的、工程规模、性能保证指标（性能保证表）和产能保证指标。

考点 15　工程总承包合同订立时需明确的内容

1. 【答案】A

【解析】"承包人文件"是指由承包人根据合同提交的所有图纸、手册、模型、计算书、软件和其他文件。"承包人文件"中最主要的是设计文件，需在专用合同条款中约定承包人向监理人陆续提供文件的内容、数量和时间。

2. 【答案】C

【解析】"发包人要求"中的有条件补偿条款：

(1) 承包人复核时对发现的错误通知发包人后，发包人坚持不做修改的，对确实存在错误造成的损失，应补偿承包人增加的费用和（或）顺延合同工期。

(2) 承包人复核时未发现发包人要求中存在错误的，承包人自行承担由此导致费用和（或）工期延误。

选项C错误，无论承包人复核时发现与否，由于以下资料的错误，导致承包人增加费用和（或）延误工期的，均由发包人承担，并向承包人支付合理利润：

(1) 发包人要求中引用的原始数据和资料。
(2) 对工程或其任何部分的功能要求。
(3) 对工程的工艺安排或要求。
(4) 试验和检验标准。
(5) 除合同另有约定外，承包人无法核实的数据和资料。

考点 16　工程总承包合同履行要点

1. 【答案】D

【解析】选项A错误，合同约定的审查期限届满，发包人没有做出审查结论也没有提出异议，视为承包人的设计文件已获发包人同意。

选项B错误，发包人审查后认为设计文件不符合合同约定，承包人应根据监理人的书面说明进行修改后重新报送发包人审查，审查期限重新起算。

选项C错误，设计文件需政府有关部门审查或批准的，发包人应在审查同意承包人的设计文件后7天内，向政府有关部门报送设计文件，承包人予以协助。

2. 【答案】B

【解析】承包人应提前21天将申请竣工试验的通知送达监理人，并按照专用条款约定的份数，向监理人提交竣工记录、暂行操作和维修手册。监理人应在14天内确定竣工试验的具体时间。

3. 【答案】A

【解析】为了不影响后续工作，自监理人收到承包人的设计文件之日起，对承包人的设计文件审查期限不超过21天。

考点 17　专业分包合同管理

1. 【答案】C

【解析】专业分包合同文件组成及优先解释顺序：①合同协议书；②中标通知书（如有

时); ③分包人的投标函及报价书; ④除总包合同工程价款之外的总包合同文件; ⑤专用合同条款; ⑥通用合同条款; ⑦合同工程建设标准、图纸; ⑧合同履行过程中,承包人和分包人协商一致的其他书面文件。

2. 【答案】D
【解析】选项A错误,专业分包人应按规定办理有关施工噪声排放的手续,由承包人承担由此发生的费用。
选项B错误,承包人应提供总包合同(有关承包工程的价格内容除外)供分包人查阅。
选项C错误,分包人应允许承包人、发包人、工程师(监理人)及其三方中任何一方授权的人员在工作时间内,合理进入分包工程施工场地或材料存放的地点,以及施工场地以外与分包合同有关的分包人的任何工作或准备的地点,分包人应提供方便。

3. 【答案】D
【解析】在工程承包人的主要责任和义务中,承包人应提供总包合同(有关承包工程的价格内容除外)供分包人查阅。

4. 【答案】C
【解析】选项A错误,分包人应遵守政府有关主管部门对施工场地交通、施工噪声以及环境保护和安全文明生产等的管理规定,按规定办理有关手续,并以书面形式通知承包人,承包人承担由此发生的费用,因分包人责任造成的罚款除外。
选项B错误,分包人应允许承包人、发包人、工程师(监理人)及其三方中任何一方授权的人员在工作时间内,合理进入分包工程施工场地或材料存放的地点,以及施工场地以外与分包合同有关的分包人的任何工作或准备的地点,分包人应提供方便。
选项D错误,分包人不得直接致函发包人或工程师(监理人),也不得直接接受发包人或工程师(监理人)的指令。

5. 【答案】D
【解析】选项D错误,承包人计量前24小时应通知分包人,分包人为计量提供便利并派人参加。

考点 18 劳务分包合同管理

1. 【答案】B
【解析】选项B属于劳务分包人的义务。选项A、C、D属于工程承包人的主要义务。

2. 【答案】AD
【解析】工程承包人完成劳务分包人施工前期的工作并承担相应费用。前期工作一般包括向劳务分包人交付具备合同项下劳务作业开工条件的施工场地;完成水、电、热、电信等施工管线和施工道路,并满足完成合同劳务作业所需的能源供应、通信及施工道路畅通的时间和质量要求;向劳务分包人提供相应的工程地质和地下管网线路资料;办理包括各种证件、批件、规费的工作手续(但涉及劳务分包人自身的手续除外);向劳务分包人提供相应的水准点与坐标控制点位置;向劳务分包人提供生产、生活临时设施。

3. 【答案】A
【解析】工程承包人必须为租赁或提供给劳务分包人使用的施工机械设备办理保险,并支付保险费用。

4. 【答案】B
【解析】选项A错误,约定不同工种劳务的计时单价时,每日上报确认的工时。
选项C错误,全部工作完成,经承包人认可后14天内,劳务分包人提交完整结算资料。
选项D错误,约定不同工作成果的计件单价时,每月(或旬、日)上报确认的工程量。

考点 19 材料采购合同管理

1. 【答案】A
【解析】因卖方未能按时交付合同约定的材料时,每延迟交货1天,应向买方支付延迟交付材料金额0.08%的违约金。

2. 【答案】D
【解析】选项D错误,卖方对材料进行包

装，买方不需要将包装物退还给卖方。

3. 【答案】B

【解析】供货周期不超过12个月时，签约合同价通常为固定价格。

考点 20 设备采购合同管理

1. 【答案】C

【解析】合同设备的所有权和风险自交付时起由卖方转移至买方，合同设备交付给买方之前包括运输在内的所有风险均由卖方承担。

2. 【答案】ACD

【解析】选项B错误，如果合同设备故障是由买方原因造成的，则维修或更换的费用应由买方承担。

选项E错误，更换的合同设备和（或）关键部件的质量保证期应重新计算。

3. 【答案】C

【解析】卖方应在合同设备预计启运7日前通知买方合同设备的相关信息。

4. 【答案】B

【解析】卖方未能按时交付合同设备（包括仅迟延交付技术资料但足以导致合同设备安装、调试、考核、验收工作推迟）的，应向买方支付迟延交付违约金。除专用合同条款另有约定外，迟延交付违约金的计算方法如下：

（1）从迟交的第一周到第四周，每周迟延交付违约金为迟交合同设备价格的0.5%。

（2）从迟交的第五周到第八周，每周迟延交付违约金为迟交合同设备价格的1%。

（3）从迟交第九周起，每周迟延交付违约金为迟交合同设备价格的1.5%。

第三节 工程承包风险管理及担保保险

考点 1 工程承包风险管理计划

1. 【答案】B

【解析】项目管理机构应在项目管理策划时确定项目风险管理计划。

2. 【答案】B

【解析】项目风险管理计划编制依据应包括下列内容：

（1）工程范围说明。

（2）招投标文件与工程合同。

（3）工作分解结构。

（4）项目管理策划结果。

（5）项目管理机构风险管理制度。

（6）其他相关信息和历史资料。

3. 【答案】B

【解析】项目风险管理计划应在工程开工前编制完成，可在实施过程中根据风险变化进行调整，并经工程承包单位授权人批准后实施。

考点 2 工程承包风险管理程序

1. 【答案】C

【解析】选项A错误，风险等级为小的风险因素是可接受风险。

选项B错误，风险等级为中等的风险因素是不希望有的风险。

选项D错误，风险等级为很大的风险因素不可接受风险，需要给予重点关注。

2. 【答案】C

【解析】风险等级图中风险量等级：⑦等级很小；④、⑧等级为小；①、⑤、⑨等级为中等；②、⑥等级为大；③等级为很大。

3. 【答案】B

【解析】在内部投标评审会中发现招标人公布的招标控制价不合理，说明还没有开始投标，属于风险规避。

4. 【答案】C

【解析】工程承包风险管理过程为风险识别、风险评估、风险应对和风险监控。

考点 3 投标担保

1. 【答案】A

【解析】投标担保的主要目的是保证投标人在递交投标文件后不得撤销投标文件，中标后不得无正当理由不与招标人订立合同，在签订合同时不得向招标人提出附加条件或者不按照招标文件要求提交履约担保。否则，招标人有权不予退还其提交的投标保证金。

2.【答案】C

【解析】投标担保的主要目的是保证投标人在递交投标文件后不得撤销投标文件，中标后不得无正当理由不与招标人订立合同，在签订合同时不得向招标人提出附加条件或者不按照招标文件要求提交履约担保。否则，招标人有权不予退还其提交的投标保证金。

3.【答案】ACE

【解析】投标担保的主要目的是保证投标人在递交投标文件后不得撤销投标文件，中标后不得无正当理由不与招标人订立合同，在签订合同时不得向招标人提出附加条件或者不按照招标文件要求提交履约担保。否则，招标人有权不予退还其提交的投标保证金。

4.【答案】B

【解析】根据《中华人民共和国招标投标法实施条例》，投标保证金不得超过招标项目估算价的2%，投标保证金有效期应当与投标有效期一致。

考点 4 履约担保

1.【答案】C

【解析】选项 A 错误，招标文件一般要求中标人提交履约保证金。
选项 B、D 错误，履约保证金不得超过中标合同金额的10%。

2.【答案】ABC

【解析】履约担保是指中标人在签订合同前向招标人提交的保证履行合同义务和责任的担保。联合体中标的，应由联合体牵头人提交履约担保。履约担保形式有银行履约保函、履约担保书、履约保证金等。

考点 5 预付款担保

1.【答案】B

【解析】预付款担保的主要作用在于保证承包人能够按合同规定进行施工，偿还发包人已支付的全部预付金额。

2.【答案】D

【解析】《标准施工招标文件》通用合同条款规定，承包人应在收到预付款的同时向发包人提交预付款保函，预付款保函的担保金额应与预付款金额相同。保函的担保金额可根据预付款扣回的金额相应递减。

考点 6 工程款支付担保

1.【答案】B

【解析】除专用合同条款另有约定外，发包人要求承包人提供履约担保的，发包人应当向承包人提供工程款支付担保。

2.【答案】A

【解析】工程款支付担保是指为保证发包人履行合同约定的工程款支付义务，由担保人向承包人提供的担保。

考点 7 工程质量保证金

【答案】D

【解析】根据《建设工程施工合同（示范文本）》（CF—2017—0201），发包人累计扣留的质量保证金不得超过工程价款结算总额的3%。

考点 8 工程保险种类

1.【答案】BCDE

【解析】建筑工程一切险的物质损失部分的保险责任主要有保险单中列明的各种自然灾害和意外事故，如洪水、风暴、水灾、暴雨、地陷、冰雹、雷电、火灾、爆炸等多项，同时还承保盗窃、工人或技术人员过失等人为风险，以及原材料缺陷或工艺不善引起的事故。此外，还可在基本保险责任项下附加特别保险条款，以利于被保险人全面转移风险。

2.【答案】ABDE

【解析】建筑工程一切险保单中的除外责任通常包括：
(1) 设计错误引起的损失和费用。
(2) 自然磨损、内在或潜在缺陷、物质本身变化、自燃、自热、氧化、锈蚀、渗漏、鼠咬、虫蛀、大气（气候或气温）变化、正常水位变化或其他渐变原因造成的保险财产自身的损失和费用。

（3）因原材料缺陷或工艺不善引起的保险财产本身的损失以及为换置、修理或矫正这些缺点错误所支付的费用。

（4）非外力引起的机械或电气装置损坏，或施工用机具、设备、机械装置失灵造成的本身损失。

（5）维修保养或正常检修的费用。

（6）档案、文件、账簿、票据、现金、各种有价证券、图表资料及包装物料的损失。

（7）货物盘点时发现的盘亏损失。

（8）领有公共运输行驶执照的，或已由其他保险予以保障的车辆、船舶和飞机的损失。

（9）在保险单保险期限终止前，被保险财产中已由工程所有人签发完工验收证书或验收合格或实际占有或使用或接收的部分。

选项C属于赔偿内容。

考点 9 工程保险的选择

1.【答案】C

【解析】保险人的选择主要考虑三方面因素：安全可靠性、服务质量及保险成本。决定保险成本的最主要因素是保险费率，这也是投保人选择保险人时需要考虑的重要因素。

2.【答案】B

【解析】选项B错误，投保人选择保险人时需要考虑的重要因素是保险人的保险成本。

考点 10 工程保险理赔

1.【答案】B

【解析】当一个项目由多家保险公司同时承保时，负责理赔的保险人仅需按比例分担其应负的赔偿责任。

2.【答案】C

【解析】进行保险索赔必须提供必要的有效证明作为索赔依据。证明文件应能证明索赔对象及索赔人的索赔资格；证明索赔理由能够成立且属于理赔人的责任范围和责任期间。在通常情况下，可作为索赔证明的有保险单、工程承包合同、事故照片、事故检验人出具的鉴定报告及保险单中所规定的索赔证明文件。

第四章 建设工程进度管理

第一节 工程进度影响因素与进度计划系统

考点 1 工程进度影响因素

1. 【答案】BCE

【解析】工程施工进度的施工单位自身因素影响：

(1) 施工技术因素。如施工方案、施工工艺或施工安全措施不当；特殊材料及新材料的不合理使用；施工设备不配套，选型失当或有故障；不成熟的技术应用等。

(2) 组织管理因素。如向有关部门提出各种申请审批手续的延误；合同签订时遗漏条款、表达失当；计划安排不周密，组织协调不力，导致停工待料、相关作业脱节；指挥不力，使各专业、各施工过程之间交接配合不顺畅等。

选项 A、D 属于有关协作部门及社会环境影响。

2. 【答案】B

【解析】建设资金不到位属于建设单位原因，选项 B 正确。其他选项与题干描述的情景不符。

考点 2 工程进度计划系统

1. 【答案】A

【解析】施工总进度计划目的在于确定各单位工程及全工地性工程的施工期限及开竣工日期，进而确定施工现场劳动力、材料、成品、半成品、施工机械的需求数量和调配情况，以及现场临时设施的数量、水电供应量和能源、交通需求量。

2. 【答案】D

【解析】选项 D 错误，分部分项工程进度计划的目的是保证单位工程进度计划能够顺利实施，并非直接为了缩短总工期。

考点 3 工程进度计划表达形式

1. 【答案】BCD

【解析】与横道计划相比，网络计划具有以下特点：

(1) 能够明确表达各项工作之间的先后顺序关系（也即逻辑关系），这对于分析进度计划执行中各项工作之间的相互影响非常重要。

(2) 能够通过时间参数计算，找出影响工期的关键工作和关键线路，有利于施工进度控制中抓主要矛盾，确保施工总进度目标的实现。

(3) 能够通过时间参数计算，确定各项工作的机动时间（也即时差），有利于施工进度管理中挖掘潜力，还可用来优化网络计划。

(4) 能够利用项目管理软件进行计算、优化和调整，实现对施工进度的动态控制。正是由于网络计划的这一特点，使其成为最有效的进度控制方法。

网络计划的不足之处：与横道计划相比，不够简单明了、形象直观。

所以，选项 A、E 错误。

2. 【答案】D

【解析】选项 A 错误，横道图进度计划不能明确反映各项工作之间的相互联系。

选项 B、C 属于网络图的特点。

第二节 流水施工进度计划

考点 1 流水施工特点

1. 【答案】B

【解析】依次施工是一种最基本、最原始的施工组织方式，具有以下特点：

(1) 没有充分利用工作面进行施工，工期较长。

(2) 如果按专业组建工作队，则各专业工作队不能连续作业、工作出现间歇，劳动力和施工机具等资源无法均衡使用。

(3) 如果由一个工作队完成全部施工任务，则不能实现专业化施工，不利于提高劳动生产率和工程质量。

(4) 单位时间内投入劳动力、施工机具等资源量较少，有利于资源供应的组织。

(5) 只有一个工作队进行施工作业，施工现场的组织管理比较简单。

选项A、C属于平行施工的特点。

2.【答案】C

【解析】平行施工组织方式具有以下特点：

(1) 能够充分利用工作面进行施工，工期短。

(2) 如果每一施工对象均按专业组建工作队，则各专业工作队不能连续作业，工作出现间歇，劳动力和施工机具等资源无法均衡使用。

(3) 如果由一个工作队完成一个施工对象的全部施工任务，则不能实现专业化施工，不利于提高劳动生产率和工程质量。

(4) 单位时间内投入的劳动力、资源成倍增加，不利于资源供应的组织。

(5) 有多个专业工作队在现场施工，施工现场组织管理比较复杂。

选项A、B属于依次施工特点。
选项D属于流水施工特点。

3.【答案】B

【解析】依次施工的特点之一：只有一个工作队进行施工作业，施工现场的组织管理比较简单。

4.【答案】BCD

【解析】流水施工组织方式具有以下特点：

(1) 尽可能利用工作面进行施工，工期较短。

(2) 各工作队实现专业化施工，有利于提高施工技术水平和劳动效率，也有利于提高工程质量。

(3) 专业工作队能够连续施工，同时使相邻专业工作队之间能够最大限度地进行搭接作业。

(4) 单位时间内投入的劳动力、施工机具资源较为均衡，有利于资源供应的组织。

(5) 为施工现场的文明施工和科学管理创造了有利条件。

考点 2　流水施工表达方式

1.【答案】B

【解析】选项A错误，横道图应用更广泛。
选项C错误，施工过程及其先后顺序表达清楚。
选项D错误，斜向进度线的斜率能直观地表示出各施工过程的进展速度。

2.【答案】C

【解析】对于铁路、公路、地铁、输电线路、天然气管道等线性工程施工进度计划，更适合采用垂直图表达方式。

3.【答案】C

【解析】流水施工垂直图中，斜向进度线的斜率可直观反映各施工过程的进展速度。

考点 3　流水施工参数

1.【答案】A

【解析】工艺参数主要是指在组织流水施工时，用以表达流水施工在施工工艺方面进展状态的参数，通常包括施工过程和流水强度两个参数。

2.【答案】BE

【解析】空间参数是指在组织流水施工时，用以表达流水施工在空间布置上开展状态的参数，通常包括工作面和施工段。

3.【答案】ACD

【解析】流水施工参数有工艺参数、空间参数、时间参数。

4.【答案】A

【解析】流水步距是指两个相邻专业工作队相继开始施工的最小间隔时间。

考点 4　有节奏流水施工

1.【答案】A

【解析】固定节拍流水施工工期＝（施工过程数＋施工段数－1）×流水节拍＋间歇时间－插入时间＝（3＋4－1）×4＋2－1＝25（天）。

2.【答案】ACE

【解析】固定（全等）节拍流水施工是一种最理想的流水施工方式，具有以下特点：
(1) 所有施工过程在各个施工段上的流水节拍均相等。
(2) 相邻施工过程的流水步距相等，且等于流水节拍。
(3) 专业工作队数等于施工过程数，即每一个施工过程组建一个专业工作队。
(4) 各专业工作队在各施工段上能够连续作业，施工段之间没有空闲时间。

3.【答案】D

【解析】各施工过程流水节拍分别是 6 天、4 天、4 天，最大公约数为 2，因此流水步距为 2 天。
专业工作队数＝6/2＋4/2＋4/2＝7（个）。流水施工工期＝（Σ专业队数＋施工段数－1）×流水步距（最大公约数）＋间歇时间－插入时间＝（7＋4－1）×2＝20（天）。

4.【答案】B

【解析】该流水施工总工期 $T＝(m＋n－1)×t＋$ 间歇时间－搭接时间＝（3＋4－1）×3－1＝17（天）。

5.【答案】A

【解析】第一步：流水步距＝流水节拍最大公约数，即 [4，6，4] 的最大公约数为 2。
第二步：专业工作队数＝各施工过程节拍/流水步距（最大公约数）。第一个施工过程的专业工作队数量＝4/2＝2（个）；第二个施工过程的专业工作队数量＝6/2＝3（个）；第三个施工过程的专业工作队数量＝4/2＝2（个），所以专业工作队数一共是：2＋3＋2＝7（个）。

6.【答案】A

【解析】第一步：流水步距＝流水节拍最大公约数，即 [12，4，10，6] 的最大公约数为 2。

第二步：专业工作队数＝各施工过程节拍/流水步距（最大公约数）。第一个施工过程的专业工作队数量＝12/2＝6（个）；第二个施工过程的专业工作队数量＝4/2＝2（个）；第三个施工过程的专业工作队数量＝10/2＝5（个）；第四个施工过程的专业工作队数量＝6/2＝3（个），所以专业工作队数一共是：6＋2＋5＋3＝16（个）。

第三步：流水工期＝步距之和＋最后专业队持续时间之和＝（16－1）×2＋4×6/3＝38（天）。

7.【答案】A

【解析】该工程流水施工工期 $T＝(5＋4－1)×3＋1－2＝23$（天）。

考点 5　非节奏流水施工

1.【答案】BCE

【解析】非节奏流水施工具有以下特点：
(1) 各施工过程在各施工段上的流水节拍不全相等。
(2) 相邻施工过程的流水步距不尽相等。
(3) 专业工作队数等于施工过程数。
(4) 各专业工作队能够在施工段上连续作业，但有的施工段之间可能有空闲时间。

2.【答案】D

【解析】算相邻施工过程的步距：$K_{1,2}＝\max\{3，5，5，4，-13\}＝5$（天），$K_{2,3}＝\max\{3，3，4，3，-14\}＝4$（天）；流水工期＝步距之和＋最后专业队在各施工段上持续时间之和＋间歇时间－搭接时间＝(5＋4)＋(4＋3＋3＋4)＝23（天）。

第三节　工程网络计划技术

考点 1　工程网络计划编制程序和方法

1.【答案】AB

【解析】选项 C 错误，绘制网络图属于网络图绘制阶段。
选项 D 错误，计算时间参数属于时间参数计算阶段。

选项 E 错误，编制正式网络计划属于网络计划优化阶段。

2. 【答案】C

【解析】选项 A 错误，箭线可以交叉，比如过桥法或指向法。

选项 B 错误，关键工作不一定安排在图画中心。

选项 D 错误，工作箭线可以用竖直线也可以水平线。

3. 【答案】A

【解析】图中①、②都是起点节点，所以本题存在的绘图错误是"多个起点节点"。

4. 【答案】A

【解析】工作①—②表示两项工作，工作编号相同。虚线节点③、⑤表示箭线交叉的表示方法。

5. 【答案】D

【解析】图中有⑧、⑨两个终点节点。

6. 【答案】C

【解析】选项 A 错误，计划编制准备阶段主要包括调查研究和确定网络计划目标等工作。

选项 B 错误，网络图绘制阶段主要包括工程项目分解、确定逻辑关系和绘制网络图等工作。

选项 C 正确，时间参数计算阶段包括计算时间参数和确定关键工作和关键线路等工作。

选项 D 错误，网络计划优化阶段主要包括优化网络计划和编制正式网络计划等工作。

7. 【答案】BCE

【解析】当计算工期不能满足要求工期时，可通过压缩关键工作的持续时间以满足工期要求。在选择缩短持续时间的关键工作时，应考虑下列因素：

（1）缩短持续时间对质量和安全影响不大的工作。

（2）有充足备用资源的工作。

（3）缩短持续时间所需增加的费用最少的工作。

考点 2　网络计划中的时间参数

1. 【答案】D

【解析】工作的总时差=该工作的最迟完成时间—该工作的最早完成时间；工作的自由时差=紧后工作的最早开始时间—该工作的最早完成时间。可见，总时差大于或等于自由时差。

2. 【答案】C

【解析】总时差（$TF_{i\text{-}j}$），是指在不影响总工期的前提下，工作 $i\text{-}j$ 可以利用的机动时间。自由时差（$FF_{i\text{-}j}$），是指在不影响其紧后工作最早开始的前提下，工作 $i\text{-}j$ 可以利用的机动时间。如果某项工作的延误时间超过自由时差，会影响紧后工作的最早开始时间，延误时间没有超过总时差，则不影响总工期。

3. 【答案】B

【解析】最迟完成时间（$LF_{i\text{-}j}$），是指在不影响整个任务按期完成的前提下，工作 $i\text{-}j$ 必须完成的最迟时刻。

考点 3　双代号网络计划时间参数的计算

1. 【答案】C

【解析】本题考查的是双代号网络计划的参数计算（按节点计算法）。由图可知工作 D 的最迟完成时间是 12，持续时间是 4，所以工作 D 的最迟开始时间=12－4=8（天）。

2. 【答案】C

【解析】该工作最早开始时间=max｛3+5，6+1｝=8；该工作的最早完成时间=8+2=10；该工作的最迟完成时间=min｛15+3，17+2，19+0｝=18；该工作的总时差=18－10=8（天）。

3. 【答案】B

【解析】自由时差是指在不影响其紧后工作最早开始的前提下，该工作可以利用的机动时间。自由时差=紧后工作最早开始时间—本工作的最早完成时间=18－16=2（天）。

4. 【答案】D

【解析】该工程的线路①→③→④→⑤→⑥→⑧为关键线路，工期为：7+9+6=22（天）。

5. 【答案】BCD

【解析】工作 N 有 5 天的自由时差。总时差=min｛本工作自由时差+紧后工作总时差｝，因此，工作 N 的总时差≥5 天。工作延误 3 天，不影响总工期，会消耗 3 天的总时差，本工作最早完成时间会推迟 3 天，但不影响紧后工作的最早开始时间。

考点 4　单代号网络计划时间参数的计算

1. 【答案】B

【解析】第 14 天上班时刻也就是第 13 天下班时刻，所以工作 N 的最早开始时间是第 13 天，工作 B 与工作 N 的时间间隔=工作 N 的最早开始时间－工作 B 的最早完成时间=13－11=2（天）。

2. 【答案】B

【解析】该单代号网络计划的关键线路：①→③→⑥→⑦，计算工期为：2+6+5=13（天）。

3. 【答案】C

【解析】时间间隔=紧后工作最早开始时间－本工作最早完成时间。工作 A 最早完成时间为 4，工作 D 最早开始时间为 6，则 $LAG_{A,D}=6-4=2$（天）。

考点 5　双代号时标网络计划中时间参数的判定

1. 【答案】C

【解析】由图得出，$EF_F=5$，$EF_H=9$；时标网络图中，计算某工作的总时差，从该工作开始至终点节点，波形线之和最小值即为该工作的总时差，由图可知，$TF_F=2$，$TF_H=2$；根据公式，$TF=LF-EF$，得出 $LF_F=TF_F+EF_F=2+5=7$（天），$LF_H=TF_H+EF_H=2+9=11$（天）。

2. 【答案】B

【解析】由图得出，工作 G 的最迟完成时间为第 6 天，工作 G 持续 1 天，则最迟开始时间=最迟完成时间－持续时间=6－1=5（天）。

3. 【答案】B

【解析】自由时差可以直接在图上通过波形线得出，波形线的长度即为自由时差，工作 B 的自由时差为 2 天。双代号时标网络计划中一项工作的总时差等于其紧后工作的总时差加本工作与该紧后工作之间的时间间隔所得之和的最小值，工作 B 的总时差为 2 天。

4. 【答案】B

【解析】工作 A 的总时差为通过工作 A 的所有线路中波形线最短的线路上波形线的长度，波形线最短的线路为：A→F→I，波形线长度为 1 天，故工作 A 的总时差为 1 天；最迟完成时间=总时差+最早完成时间=1+2=3（天）。

考点 6　单代号搭接网络计划时间参数的计算

1. 【答案】ACDE

【解析】工作 B 的自由时差 FF_B 是 0。

2. 【答案】ACD

【解析】单代号搭接网络计划中，最迟完成时间 LF_i 应为：$LF_i=EF_i+TF_i$ 或 $LF_i=\min\{LS_j-FTS_{i,j}, LS_j-STS_{i,j}+D_i, LF_j-FTF_{i,j}, LF_j-STF_{i,j}+D_i\}$。双代号时标网络计划中，实箭线结束对应的时间坐标表示的是最早完成时间。

3. 【答案】A

【解析】最早完成时间等于最早开始时间加上其持续时间，经计算，紧前工作的最早完成时间：2+5=7（天），因为该工作与紧前工作间的时距 $FTF=2$ 天，则该工作的最早完成时间：7+2=9（天），该工作的最早开始时间：9－3=6（天）。

4. 【答案】D

【解析】修一条堤坝的护坡时，一定要等土堤自然沉降后才能修护坡，这种等待的时间就是 FTS 时距。

考点 7 双代号网络计划中关键工作及关键线路的确定

1. 【答案】A

【解析】关键线路有 3 条，分别是：①→②→④→⑥→⑩→⑪；①→③→⑤→⑨→⑪；①→③→④→⑥→⑩→⑪。

2. 【答案】B

【解析】关键线路有 3 条，分别是：①→②→⑦→⑧→⑨；①→②→③→⑥→⑧→⑨；①→②→③→④→⑤→⑨→⑨。

考点 8 单代号网络计划中关键工作及关键线路的确定

1. 【答案】D

【解析】判断关键工作的条件是总时差最小；总时差等于本工作最迟完成时间减去最早完成时间，或者等于本工作最迟开始时间减去最早开始时间。

2. 【答案】C

【解析】在各条线路中，有一条或几条线路的总时间最长，称为关键线路。通过对各条线路工作持续时间之和的计算，由于线路①→③→⑤→⑥持续时间最长，为：6+5+2=13（天），故为关键线路。其他线路上工作持续时间之和均小于 13 天。

第四节 施工进度控制

考点 1 施工进度计划实施中的检查与分析

1. 【答案】B

【解析】当工作实际进度拖后的时间（偏差）超过该工作的自由时差，但未超过该工作的总时差时，则该工作实际进度偏差会影响该工作后续工作的正常进行，但不会影响总工期。

2. 【答案】B

【解析】选项 B 错误，超过自由时差但未超过总时差的偏差只会影响后续工作，不会影响总工期。

考点 2 实际进度与计划进度比较方法

1. 【答案】CDE

【解析】选项 A 错误，第 6 周末检查进度时，工作 D 拖后 1 周，因其有 1 周的总时差，所以不影响工期。

选项 B 错误，第 10 周末检查进度时，工作 G 拖后 1 周，因其没有总时差，所以影响工期 1 周。

选项 C 正确，第 6 周末检查进度时，工作 C 拖后 2 周，因其没有总时差，所以影响工期 2 周。

选项 D 正确，第 6 周末检查进度时，工作 E 提前 1 周，但不影响工期。

选项 E 正确，第 10 周末检查进度时，工作 H 提前 1 周，不影响工期。

2. 【答案】DE

【解析】选项 A 错误，选项 E 正确，关键线路有两条：①→②→③→⑦→⑧→⑨→⑩；①→②→③→④→⑥→⑨→⑩，在第四周检查时，工作 A 拖后 1 周，因为工作 A 在关键线路上，因此，将影响总工期 1 周。

选项 B 错误，在第 4 周末检查，工作 C 正常进行。

选项 C 错误，第 10 周末检查时，工作 G 拖后 1 周，因工作 G 有 2 周的总时差，因此不会影响总工期。

选项 D 正确，第 10 周末检查时，工作 I 提前 1 周，但是工作 H 正常，因此工期不会提前。

考点 3 施工进度计划调整方法及措施

【答案】C

【解析】技术措施：如改进施工工艺和施工技术，缩短工艺技术间歇时间；采用更先进的施工方式（如将现浇混凝土方案改为预制装配方案），减少施工过程数量；采用更先进的施工机械等。

第五章 建设工程质量管理

第一节 工程质量影响因素及管理体系

考点 1 建设工程固有特性

1. 【答案】ABDE
   【解析】选项C错误，固有特性在不同建设工程中的重要性各有不同，满足要求的程度也会各有不同。

2. 【答案】C
   【解析】建设工程固有特性包括实用性、安全性、可靠性、经济性、美观性和环境协调性。

考点 2 工程质量形成过程

1. 【答案】C
   【解析】选项C正确，在工程保修阶段，任何由勘察、设计、施工、材料等原因造成的质量缺陷，应由施工承包单位负责维修、返工或更换，同时由责任单位负责赔偿损失。

2. 【答案】B
   【解析】建设工程勘察设计是根据投资决策阶段已确定的质量目标和水平，通过工程勘察、设计使其具体化。工程设计在技术上是否可行、工艺是否先进、经济是否合理、设备是否配套、结构是否可靠等，都将决定着工程建成后的功能和使用价值。因此，工程勘察设计阶段是影响工程质量的决定性阶段。

考点 3 工程质量影响因素

1. 【答案】A
   【解析】在施工质量管理中，人的因素起决定性的作用。所以，施工质量控制应以控制人的因素为基本出发点。

2. 【答案】C
   【解析】采用新型脚手架应用技术的做法强调的是技术，属于质量影响因素中的方法因素。

3. 【答案】A
   【解析】在施工质量管理中，人的因素起决定性的作用。所以，施工质量控制应以控制人的因素为基本出发点。

4. 【答案】B
   【解析】材料包括工程材料和施工用料，又包括原材料、半成品、成品、构配件和周转材料等。各类材料是工程施工的物质条件，材料质量是工程质量的基础，加强对材料的质量控制，是保证工程质量的重要基础。

5. 【答案】C
   【解析】我国实行的执业资格制度及作业人员持证上岗制度等，从本质上说，就是对从事施工活动的人的素质和能力进行必要的控制。

6. 【答案】A
   【解析】我国实行的执业资格制度及作业人员持证上岗制度等，从本质上说，就是对从事施工活动的人的素质和能力进行必要的控制。

考点 4 全面质量管理的特点

【答案】B
【解析】全面质量管理特点的"三全"，即管理内容、管理范围、参加管理人员的全面性。

考点 5 全面质量管理的基础工作

1. 【答案】A
   【解析】标准化是指人们制定标准并有效地实施标准的一种有组织的活动过程。

2. 【答案】D
   【解析】标准化是质量管理的基础，质量管理是贯彻执行标准的保证。

考点 6 工程质量管理体系的性质、特点和构成

1. 【答案】B

【解析】项目质量控制体系的有效性一般由项目管理的总组织者进行自我评价与诊断，不需进行第三方认证，其评价的方式不同。

2. 【答案】A

【解析】选项 A 正确，项目质量控制体系涉及项目实施过程所有的质量责任主体。

选项 B 错误，项目质量控制体系只用于特定的项目质量控制，而不是用于建筑企业或组织的质量管理，其建立的目的不同。

选项 C 错误，项目质量控制体系的控制目标是项目的质量目标。

选项 D 错误，项目质量控制体系的有效性一般由项目管理的总组织者进行自我评价与诊断，不需进行第三方认证。

3. 【答案】ACE

【解析】在大中型工程项目尤其是群体工程项目中，第一层次的质量管理体系应由建设单位的工程项目管理机构负责建立；在委托项目管理或实行交钥匙式工程总承包的情况下，应由相应的项目管理机构、工程总承包企业项目管理机构负责建立。第二层次的质量管理体系，是指分别由项目的设计总负责单位、施工总承包单位等建立的相应管理范围内的质量管理体系。第三层次及以下，是承担工程设计、施工安装、材料设备供应等各承包单位的现场质量自控体系，或称各自的施工质量保证体系。

4. 【答案】B

【解析】工程质量管理体系涉及工程项目实施过程所有的质量责任主体，而不只是针对某一个承包企业或组织机构，其服务的范围不同。

考点 7　工程质量管理体系的建立

1. 【答案】B

【解析】目标分解原则：工程质量管理系统总目标的分解，是根据管理系统内工程项目的分解结构，将工程项目的建设标准和质量总体目标分解到各个责任主体，明示于合同条件，由各责任主体制定出相应的质量计划，确定其具体的控制方式和控制措施。

2. 【答案】D

【解析】工程项目管理总组织者负责主持编制建设工程项目总质量计划。

3. 【答案】D

【解析】过程质量管理体系的分层次规划，是指项目管理的总组织者（建设单位或项目管理企业）和承担项目实施任务的各参与单位，分别进行不同层次和范围的建设工程项目质量管理体系规划。

4. 【答案】B

【解析】工程质量管理体系的建立过程，一般可按下列程序进行：
(1) 确立工程质量责任的网络架构。
(2) 制定工程质量管理制度。
(3) 分析工程质量管理界面。
(4) 编制工程质量计划。

考点 8　工程质量管理体系的运行

1. 【答案】ABDE

【解析】项目质量控制体系的运行环境：
(1) 项目的合同结构。
(2) 质量管理的资源配置，包括专职的工程技术人员和质量管理人员的配置；实施技术管理和质量管理所必需的设备、设施、器具、软件等物质资源的配置。人员和资源的合理配置是质量控制体系得以运行的基础条件。
(3) 质量管理的组织制度。

2. 【答案】C

【解析】质量管理的资源配置，包括专职的工程技术人员和质量管理人员的配置；实施技术管理和质量管理所必需的设备、设施、器具、软件等物质资源的配置。人员和资源的合理配置是质量控制体系得以运行的基础条件。

3. 【答案】D

【解析】动力机制是工程质量管理体系运行的核心机制。

4. 【答案】BD

【解析】建设工程项目质量控制系统运行的约束机制取决于各质量责任主体内部的自我约束能力和外部的监控效力。

第二节 施工质量抽样检验和统计分析方法

考点 1 施工质量抽样检验方法

1. 【答案】D
   【解析】选项A错误，质量稳定的产品批量可以取大些。
   选项B错误，批量过大时，一旦误判，损失也会很大。
   选项C错误，批量大小没有统一规定。
   选项D正确，质量不太稳定的产品应以小批量为宜。

2. 【答案】A
   【解析】选项A正确，原材料进货检验时广泛使用简单随机抽样。
   选项B错误，系统随机抽样主要用于工序质量检验。
   选项C错误，分层随机抽样用于有明显子总体的情况。
   选项D错误，整群随机抽样适用于总体分成若干互不重叠的群的情况。

3. 【答案】BCD
   【解析】按抽取样本次数不同，抽样检验可分为一次、二次、多次抽样。

4. 【答案】A
   【解析】选项A正确，"敲"属于感观检验法中的一种，是利用敲击方法进行的音感检查。
   选项B是物理检验法。
   选项C是化学检验法。
   选项D是无损检验法。

5. 【答案】ACDE
   【解析】物理检验法包括度量检测、电性能检测、机械性能检测和无损检测等。
   选项B是化学检验法。

6. 【答案】ACE
   【解析】现场试验法是指直接在施工现场对工程构件、设备等进行试验的方法。常见的试验有：桩基的静载试验、小应变试验；给水工程、供暖工程中的压力试验；设备安装工程中的设备试运行；电器安装工程中的电器设备动作试验等。
   选项B错误，现场试验法不仅限于结构性构件的检测。
   选项D错误，现场试验法可以用于电器安装工程的检测。

考点 2 分层法

【答案】C
【解析】分层法是指将调查收集的原始数据，根据不同的目的和要求，按某一性质进行分组整理的分析方法。每组就称为一层，因此，分层法又称为分类法或分组法。分层的结果是使各层间数据的差异突显出来，在此基础上进行层间、层内的比较分析，可以更深入地发现和认识质量问题及其产生原因。

考点 3 调查表法

【答案】B
【解析】调查表法往往会与分层法结合起来应用，可以更好、更快地找出问题的原因，以便采取改进措施。

考点 4 因果分析图法

【答案】A
【解析】应用因果分析图法进行质量特性因果分析时，应注意以下几点：
(1) 一个质量特性或一个质量问题使用一张图分析。
(2) 通常采用QC小组活动的方式进行，集思广益，共同分析。
(3) 必要时可邀请QC小组以外的有关人员参与，广泛听取意见。
(4) 分析时要充分发表意见，层层深入，排除所有可能的原因。
(5) 在充分分析的基础上，由各参与人员采用投票或其他方式，从中选择1～5项多数人达成共识的最主要原因。

考点 5　排列图法

1. 【答案】B

   【解析】累计频率在80%～90%范围内的因素定为B类因素，即次要因素，对此类因素可按常规管理。

2. 【答案】A

   【解析】累计频率在0～80%范围内的因素被定为A类因素，即主要因素。

3. 【答案】B

   【解析】帕累托曲线是将累计频率（百分数）点连成一条折线，表示影响因素的重要性。

4. 【答案】A

   【解析】在实际应用中，一般将累计频率在0～80%范围内的因素定为A类因素，即主要因素；累计频率在80%～90%范围内的因素定为B类因素，即次要因素；累计频率在90%～100%范围内的因素定为C类因素，即一般因素。A类因素是需要加强控制、重点管理的对象；对B类因素可按常规管理；对C类因素则可放宽管理，以利于将主要精力放在改善A类因素上。

考点 6　相关图法

1. 【答案】A

   【解析】选项A正确，正相关对应于散布点基本形成由左至右向上变化的一条直线带，该情况下变量x与变量y有较强的制约关系。

   选项B错误，弱正相关是指散布点形成向上较分散的直线带，与题干描述不符。

   选项C错误，不相关是指散布点形成一团或平行于x轴的直线带，而题干中描述的是有一定的变化趋势。

   选项D错误，负相关是指散布点形成由左向右向下的一条直线带，与题干描述相反。

2. 【答案】B

   【解析】选项A错误，正相关将呈现出一条明显向上倾斜的直线带。

   选项B正确，如果散布点形成一团或平行于x轴的直线带，表示x的变化不会引起y的变化，即两变量间不存在相关性。

   选项C错误，负相关表现为一条明显向下倾斜的直线带。

   选项D错误，散布点形成一团或平行于x轴的直线带表明变量间没有相关性，而不是弱正相关。

考点 7　直方图法

1. 【答案】A

   【解析】直方图出现折齿型分布，多数是由于作频数表时，分组不当或组距确定不当。

   选项B、C错误，少量材料不合格或短时间内工人操作不熟练，会造成直方图出现孤岛型分布。

   选项D错误，数据分类不当，会造成直方图出现双峰型分布。

2. 【答案】B

   【解析】在图（d）中，B在T中间，质量分布中心与质量标准中心M正好重合，两侧还有一定余地（图（a）两侧余地太大），表明工序质量稳定，不会出废品。

考点 8　控制图法

1. 【答案】B

   【解析】选项A错误，选项B正确，在控制图中，点子集中在中心线周围较窄区域，并且没有超出控制界限，说明生产过程质量波动较小，处于相对稳定的状态。

   选项C错误，系统性偏差通常会导致点子在控制图上偏离中心线，与题干描述不符。

   选项D错误，尽管点子过于集中有时可能引起怀疑，但没有直接证据表明存在作弊行为。通常应该先认为生产过程质量相对稳定。

2. 【答案】D

   【解析】选项A错误，分层法需要将原始数据按某一性质进行分组整理。

   选项B错误，排列图法用于显示数据分布。

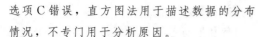

选项C错误，直方图法用于描述数据的分布情况，不专门用于分析原因。

选项D正确，控制图法可以用于在施工过程中实时监控工程质量的变化。

第三节 施工质量控制

考点 1 施工准备质量控制

1. 【答案】B

【解析】施工准备工作基本要求：

(1) 施工准备工作应有组织、有计划、分阶段、有步骤地进行。

(2) 要建立严格的施工准备工作责任制及相应的检查制度。

(3) 要坚持按工程建设程序办事，严格执行开工报告制度。

(4) 施工准备工作必须贯穿于施工全过程。

(5) 施工准备工作要取得各相关单位的支持与配合。

2. 【答案】C

【解析】施工单位必须根据拟建工程的规模、结构特点和建设单位要求，在调查分析的基础上，编制能够切实指导工程全部施工活动的施工组织设计。施工单位在完成施工组织设计的编制及内部审批工作后，报请项目监理机构审查，由总监理工程师审核签认。项目监理机构审查批准的施工组织设计应报送建设单位。施工单位应按审查批准的施工组织设计文件组织施工。

3. 【答案】C

【解析】施工图会审会议由建设单位主持，设计单位和施工单位、工程监理单位参加。

4. 【答案】D

【解析】编写项目结束报告不是施工现场准备的内容，而是在工程完工或项目结束时撰写的文档。

5. 【答案】B

【解析】混凝土预制构件出时的混凝土强度不得低于设计混凝土强度等级值的75%。

6. 【答案】C

【解析】施工机械设备的选择，要考虑其技术性能、工作效率、可靠性及维修难易、能源消耗，以及安全、灵活等因素，要满足施工生产的实际需求，还要考虑所选择的施工机械设备对施工质量的影响及保证质量的程度。

7. 【答案】ABD

【解析】施工机械设备质量控制主要围绕施工机械设备的选型、机械设备性能参数的确定、机械设备数量、使用操作等方面进行。

考点 2 作业技术准备状态的控制

1. 【答案】C

【解析】技术交底书应由施工项目技术人员编制，并经项目技术负责人批准实施。

2. 【答案】A

【解析】施工技术参数：如混凝土的外加剂掺量、水胶比、坍落度、抗压强度、回填土含水量、防水混凝土抗渗等级、大体积混凝土内外温差及混凝土冬期施工受冻临界强度、装配式混凝土预制构件出厂时的强度等技术参数，都属于应重点控制的质量参数与指标。

3. 【答案】A

【解析】施工技术参数：如混凝土的外加剂掺量、水胶比、坍落度、抗压强度、回填土含水量、防水混凝土抗渗等级、大体积混凝土内外温差及混凝土冬期施工受冻临界强度、装配式混凝土预制构件出厂时的强度等技术参数，都属于应重点控制的质量参数与指标。

4. 【答案】C

【解析】施工顺序：对于某些工序之间必须严格控制施工的先后顺序，比如对冷拉的钢筋应当先焊接后冷拉，否则会失去冷强；屋架的安装固定，应采取对角同时施焊方法，否则会由于焊接应力导致校正好的屋架发生倾斜。

考点 3 作业技术活动过程质量控制

【答案】C

【解析】施工单位在对进场材料、试块、试件、钢筋接头等实施见证取样前,要通知负责见证取样的监理人员。在监理人员现场监督下,施工单位按相关规范要求,完成材料、试块、试件等的取样过程。完成取样后,施工单位将送检样品装入木箱,由监理人员加封。

考点 4 作业技术活动结果控制

1. 【答案】C

【解析】选项 A 错误,施工单位需要对隐蔽工程进行自检,并在自检合格后填写《隐蔽工程报验申请表》。

选项 B 错误,项目监理机构需要在合同规定的时间内到现场检查。

选项 C 正确,项目监理机构在现场检查发现隐蔽工程质量不合格时,应发出整改通知。

选项 D 错误,在隐蔽工程验收合格后,项目监理机构需要在《隐蔽工程报验申请表》上签字确认。

2. 【答案】ABCD

【解析】在作业技术活动结果控制中,工序质量检验包括标准具体化、度量、比较、判定、处理、记录。

考点 5 施工质量验收一般规定

1. 【答案】C

【解析】选项 A 错误,施工组织是检验批的划分依据。

选项 B 错误,楼层、施工段是检验批的划分依据。

选项 C 正确,分项工程根据工种、材料、施工工艺、设备类别划分。

选项 D 错误,建筑物或构筑物的独立使用功能是单位工程的划分原则。

2. 【答案】C

【解析】工程施工前,应由施工单位制定单位工程、分部工程、分项工程和检验批的划分方案,并应由项目监理机构审核、建设单位确认后实施。

3. 【答案】A

【解析】检验批应根据施工组织、质量控制和专业验收需要,按工程量、楼层、施工段划分,检验批抽样数量应符合有关专业验收标准的规定。

考点 6 施工质量验收要求

1. 【答案】A

【解析】分部工程质量验收合格应符合下列规定:

(1)所含分项工程的质量应验收合格。

(2)质量控制资料应完整、真实。

(3)有关安全、节能、环境保护和主要使用功能的抽样检验结果应符合要求。

(4)观感质量应符合要求。

2. 【答案】ABCD

【解析】当检验批施工质量不符合验收标准时,应按下列规定进行处理:

(1)经返工或返修的检验批,应重新进行验收,选项 A 正确。

(2)经有资质的检测机构检测能够达到设计要求的检验批,应予以验收,选项 B 正确。

(3)经有资质的检测机构检测达不到设计要求,但经原设计单位核算认可能够满足安全和使用功能的检验批,应予以验收,选项 C 正确。

当经返修或加固处理的分项工程、分部工程,确认能够满足安全及使用功能要求时,应按技术处理方案和协商文件的要求予以验收,选项 D 正确。

经返修或加固处理仍不能满足安全或重要使用功能要求的分部工程及单位工程,严禁验收,选项 E 错误。

考点 7 施工质量验收组织

1. 【答案】A

【解析】检验批应由专业监理工程师组织施工单位项目专业质量检查员、专业工长等进行验收。

2. 【答案】D

【解析】分项工程应由专业监理工程师组织施工单位项目专业技术负责人进行验收。

3. 【答案】B

【解析】选项A错误，分项工程由专业监理工程师组织验收，分部工程由总监理工程师组织验收。

选项C错误，检验批是工程验收的最小单元。

选项D错误，分部工程质量验收合格应符合下列规定：①所含分项工程的质量均应验收合格；②质量控制资料应完整；③有关安全、节能、环境保护和主要使用功能的抽样检验结果应符合有关规定；④观感质量应符合要求。

4. 【答案】ACE

【解析】勘察、设计单位项目负责人和施工单位技术、质量部门负责人应参加地基与基础分部工程验收；设计单位项目负责人和施工单位技术、质量部门负责人应参加主体结构、节能分部工程验收。

考点 8　工程质量保修

1. 【答案】B

【解析】工程使用说明书应包括下列内容：
（1）工程概况。
（2）工程设计合理使用年限、性能指标及保修期限。
（3）主体结构位置示意图、房屋上下水布置示意图、房屋电气线路布置示意图及复杂设备的使用说明。
（4）使用维护注意事项。

2. 【答案】B

【解析】选项A错误，一般质量缺陷并不直接导致拆除重建，该举动没有考虑成本和时间效率。

选项B正确，发现一般质量缺陷应首先向施工单位发出保修通知。

选项C错误，建设单位自行修复不符合工程质量保修的规定程序。

选项D错误，涉及结构安全或影响使用功能的严重质量缺陷时才需要通知设计单位提出保修设计方案，一般质量缺陷无需设计单位参与。

第四节　施工质量事故预防与调查处理

考点 1　施工质量事故分类

1. 【答案】D

【解析】根据《质量管理体系　基础和术语》（GB/T 19000—2016）的规定，凡产品未满足要求（明示的、通常隐含的或必须履行的需求或期望），就称之为质量不合格。凡是工程质量不合格，必须进行返修、加固或报废处理，由此造成直接经济损失低于规定限额以下的，称为质量问题。

2. 【答案】B

【解析】根据《质量管理体系　基础和术语》（GB/T 19000—2016）的规定，凡工程产品未满足质量要求，就称之为质量不合格；与预期或规定用途有关的要求，称为质量缺陷。

3. 【答案】C

【解析】选项A、B、D都属于操作责任事故。

4. 【答案】C

【解析】指导责任事故：工程施工过程中，由于指导或领导失误而造成的质量事故，如工程负责人不按规范规程组织施工、盲目赶工、强令他人违章作业、降低工程质量标准等造成的质量事故。

5. 【答案】B

【解析】因技术原因引发的质量事故是指在工程实施过程中，由于设计、施工技术上的失误而造成的质量事故，主要包括：结构设计计算错误；地质情况估计错误；盲目采用技术上未成熟、实际应用中未得到充分实践检验验证其可靠的新技术；采用不适宜的施工方法或工艺等引发的质量事故。

6. 【答案】CE

【解析】因管理原因引发的质量事故是指由

于管理不完善或失误而引发的质量事故,主要包括:施工单位的质量管理体系不完善;质量检验制度不严密,质量控制不严;质量管理措施落实不力;检测仪器设备管理不善而失准;进料检验不严格等引发的质量事故。

7.【答案】A

【解析】施工质量较大事故,是指造成 3 人以上 10 人以下死亡,或者 10 人以上 50 人以下重伤,或者 1000 万元以上 5000 万元以下直接经济损失的事故。

8.【答案】B

【解析】施工质量特别重大事故,是指造成 30 人以上死亡,或者 100 人以上重伤,或者 1 亿元以上直接经济损失的事故。注意:"以上"包括本数,"以下"不包括本数。

9.【答案】C

【解析】施工质量事故分为 4 个等级,分别为特别重大事故、重大事故、较大事故和一般事故。其中,重大事故是指造成 10 人以上 30 人以下死亡,或者 50 人以上 100 人以下重伤,或者 5000 万元以上 1 亿元以下直接经济损失的事故。本题中,造成 6000 万元直接经济损失应为重大事故。

考点 2 施工质量事故预防

1.【答案】C

【解析】选项 A、B、D 都是正常的或者规范要求的施工行为,不会导致质量事故。选项 C,使用未经验收或不合格的预制构件,违反了施工质量事故预防措施的规定,可能导致质量事故发生。

2.【答案】C

【解析】施工质量事故预防措施:
(1) 坚持按工程建设程序办事。
(2) 做好必要的技术复核、技术核定工作。
(3) 严格把好建筑材料及制品的质量关。
(4) 加强质量培训教育,提高全员质量意识。
(5) 加强施工过程组织管理。施工技术措施

要正确,施工顺序不可搞错。
(6) 做好应对不利施工条件和各种灾害的预案。
(7) 加强施工安全与环境管理。

考点 3 施工质量事故处理要求及依据

【答案】BCE

【解析】施工质量事故处理基本要求:
(1) 事故处理要达到安全可靠、不留隐患、满足生产和使用要求、施工方便、经济合理的目的。
(2) 要重视消除造成质量事故的原因,注意综合治理。
(3) 要合理确定处理范围和正确选择处理的时机和方法。
(4) 要加强事故处理的检查验收工作,认真复查事故处理的实际情况。
(5) 要确保事故处理期间的安全。

考点 4 施工质量事故处理程序

1.【答案】A

【解析】质量事故的处理是否达到预期的目的,是否依然存在隐患,应当通过检查鉴定和验收作出确认。

2.【答案】A

【解析】当混凝土结构裂缝宽度不大于 0.2mm 时,可采用表面密封法;当裂缝宽度大于 0.3mm 时,可采用嵌缝密闭法;当裂缝较深时,则应采取灌浆修补的方法。

3.【答案】ACE

【解析】对混凝土结构加固的常用方法主要有增大截面加固法、外包角钢加固法、粘钢加固法、增设支点加固法、增设剪力墙加固法和预应力加固法等。

4.【答案】B

【解析】当工程的某些部分的质量虽未达到规定的规范、标准或设计的要求,存在一定的缺陷,但经过修补后可以达到要求的质量标准,又不影响使用功能或外观的要求时,可采取返修处理的方法。例如,当裂缝宽度

不大于 0.2mm 时，可采用表面密封法；当裂缝宽度大于 0.3mm 时，可采用嵌缝密闭法；当裂缝较深时，则应采取灌浆修补的方法。

5. 【答案】ABCD

   【解析】对于工程质量缺陷，一般可不作专门处理的情况有以下几种：

   (1) 不影响结构安全、生产工艺和使用要求的质量缺陷。

   (2) 下一道工序可以弥补的质量缺陷。

   (3) 法定检测单位鉴定合格的工程。

   (4) 出现质量缺陷的工程，经检测鉴定达不到设计要求，但经原设计单位核算，仍能满足结构安全和使用功能的。

6. 【答案】D

   【解析】事故调查要按规定区分事故的大小，分别由相应级别的人民政府直接或授权委托有关部门组织事故调查组进行调查。未造成人员伤亡的一般事故，县级人民政府也可以委托事故发生单位组织事故调查组进行调查。选项 A、B 均造成人员伤亡；选项 C 属于较大事故。

第六章 建设工程成本管理

第一节 工程成本影响因素及管理流程

考点 1 工程成本分类

1. 【答案】ABCE

   【解析】工程质量损失成本主要由内部损失成本和外部损失成本构成。内部损失成本包括因指挥决策失误、违反标准及操作规程、成品保护不善等引起的质量缺陷以及质量事故处理费用。安全措施费用属于安全成本，而非质量成本的一部分。

2. 【答案】ACD

   【解析】可控成本是指可以被特定部门的职能权限所控制的成本。因此，材料的消耗量、管理人员工资、施工机械的使用费用都是可以被工程部门控制的成本，属于可控成本。设计能力导致的成本也可以通过提高设计效率和效果来进行控制。然而，材料价格变动通常由市场因素确定，不属于工程部门可控范畴，因此选项 B 不是可控成本。

考点 2 工程成本影响因素

1. 【答案】ACDE

   【解析】选项 A 正确，高薪酬水平意味着更高的劳动力成本，这会导致施工成本上升。
   选项 B 错误，施工方法的经济性通常意味着成本节约，不会导致成本上升。
   选项 C 正确，设备日常维护和保养需要资金投入，会导致成本上升。
   选项 D 正确，加快施工进度可能需要增加人手或加班费，从而增加成本。
   选项 E 正确，提高施工安全标准可能需要额外的设备和培训，从而增加成本。

2. 【答案】ACE

   【解析】选项 A 正确，设计文件中的错误或遗漏会导致工程变更，以修正设计问题。
   选项 B 错误，材料价格波动可能导致成本上升，但不一定直接导致工程变更。
   选项 C 正确，现场管理能力不足可能导致施工错误，需进行工程变更以纠正问题。
   选项 D 错误，投标时低估了工期可能导致工期延误，但不一定导致工程变更。
   选项 E 正确，设计标准若低于国家监管要求，可能因不合规而需要进行工程变更。

考点 3 工程成本管理流程

1. 【答案】C

   【解析】成本分析主要是检查成本计划是否得以实现，并为成本管理绩效考核提供依据。

2. 【答案】D

   【解析】工程成本管理各环节是一个有机联系与相互制约的系统过程。成本计划是开展成本控制和分析的基础，也是成本控制的主要依据；成本控制能对成本计划的实施进行监督，保证成本计划的实现；成本分析是对成本计划是否实现进行的检查，并为成本管理绩效考核提供依据；成本管理绩效考核是实现责任成本目标的保证和手段。

第二节 施工成本计划

考点 1 施工责任成本构成

【答案】B

【解析】一般由商务部门组织进行标价分离、完成施工成本测算，协调相关部门编制施工成本降低率。

考点 2 施工成本计划的类型

1. 【答案】B

   【解析】指导性成本计划即选派项目经理阶段的预算成本计划，是项目经理的责任成本目标。指导性成本计划是以合同价为依据，按照企业定额标准制定的施工成本计划，用以确定施工责任成本。

2.【答案】D

【解析】实施性成本计划是指在工程项目施工准备阶段，以项目实施方案为依据，以落实项目经理责任目标为出发点，根据企业施工定额编制的施工成本计划。

3.【答案】ABC

【解析】对于一个施工项目而言，其成本计划的编制是一个不断深化的过程。在这一过程的不同阶段形成深度和作用不同的成本计划，按其作用可分为三类：竞争性成本计划、指导性成本计划、实施性计划成本。

4.【答案】BD

【解析】施工项目竞争性成本计划是施工项目投标及签订合同阶段的估算成本计划。

考点 3　施工成本计划的编制依据和程序

1.【答案】ACDE

【解析】成本计划的编制依据包括：
(1) 合同文件。
(2) 项目管理实施规划。
(3) 相关设计文件。
(4) 价格信息。
(5) 相关定额。
(6) 类似项目的成本资料。

2.【答案】B

【解析】成本计划的编制程序：
(1) 预测项目成本。
(2) 确定项目总体成本目标。
(3) 编制项目总体成本计划。
(4) 项目管理机构与组织的职能部门根据其责任成本范围，分别确定自己的成本目标，并编制相应的成本计划。
(5) 针对成本计划制定相应的控制措施。
(6) 由项目管理机构与组织的职能部门负责人分别审批相应的成本计划。

考点 4　施工成本计划编制方法

1.【答案】BCD

【解析】项目管理机构应通过系统的成本策划，按成本组成、项目结构和工程实施阶段编制施工成本计划。

2.【答案】C

【解析】在编制施工成本支出计划时，要在项目总体层面考虑总的预备费，也要在主要分项工程中安排适当的不可预见费。

3.【答案】C

【解析】第 6 月末计划成本累计值＝100＋200＋400＋600＋800＋900＝3000（万元），实际成本累计值＝100＋200＋400＋600＋800＋1000＝3100（万元）；
第 8 月末计划成本累计值＝100＋200＋400＋600＋800＋900＋800＋600＝4400（万元），实际成本累计值＝100＋200＋400＋600＋800＋1000＋800＋700＝4600（万元）。

4.【答案】D

【解析】建设工程项目施工成本可以按成本构成分解为人工费、材料费、施工机具使用费和企业管理费等。

5.【答案】A

【解析】在进度计划的非关键路线中存在许多有时差的工序或工作，因而 S 曲线必然被包络在由全部工作都按最早开始时间开始和全部工作都按最迟开始时间开始的曲线所组成的"香蕉图"内。

第三节　施工成本控制

考点 1　施工成本控制过程

1.【答案】A

【解析】管理行为控制的目的是确保每个岗位人员在成本管理过程中的管理行为符合事先确定的程序和方法的要求。从这个意义上讲，首先要清楚企业建立的成本管理体系是否能有效控制成本的形成过程，其次要考察体系是否处于有效的运行状态。

2.【答案】B

【解析】项目施工成本的过程控制中，有两类控制程序，一是管理行为控制程序，二是指标控制程序。

3. 【答案】D
   【解析】选项A错误，指标控制程序是成本控制的重点。
   选项B错误，管理行为控制程序是对施工成本全过程控制的基础。
   选项C错误，施工成本控制过程可分为两类：一是管理行为控制过程；二是指标控制过程。

4. 【答案】A
   【解析】施工成本指标控制工作程序如下：
   (1) 确定成本管理分层次目标。
   (2) 采集成本数据，监测成本形成过程。
   (3) 找出偏差，分析原因。
   (4) 制定对策，纠正偏差。
   (5) 调整改进成本管理方法。

5. 【答案】C
   【解析】选项A错误，成本管理体系的建立是企业自身生存发展的需要，没有社会组织来评审和认证。
   选项B错误，管理行为控制程序是对成本全过程控制的基础，指标控制程序则是成本控制的重点。
   选项D错误，管理行为控制程序和指标控制程序两个过程既相对独立又相互联系，既相互补充又相互制约。

考点 2 施工成本过程控制方法

1. 【答案】AD
   【解析】进行施工成本的材料费控制，控制的内容有材料用量和材料价格。

2. 【答案】B
   【解析】人工费的控制实行"量价分离"的方法，将作业用工及零星用工按定额工日的一定比例综合确定用工数量与单价，通过专业作业分包合同进行控制。

3. 【答案】ACD
   【解析】施工机械使用费主要由台班数量和台班单价两方面决定，因此为有效控制施工机械使用费支出，应主要从这两个方面进行

控制。
第一，台班数量。
(1) 根据施工方案和现场实际情况，选择适合项目施工特点的施工机械，制定设备需求计划，合理安排施工生产，充分利用现有机械设备，加强内部调配，提高机械设备的利用率。
(2) 保证施工机械设备的作业时间，安排好生产工序的衔接，尽量避免停工、窝工，尽量减少施工中所消耗的机械台班数量。
(3) 核定设备台班定额产量，实行超产奖励办法，加快施工生产进度，提高机械设备单位时间的生产效率和利用率。
(4) 加强设备租赁计划管理，减少不必要的设备闲置和浪费，充分利用社会闲置机械资源。

第二，台班单价。
(1) 加强现场设备的维修、保养工作。降低大修、经常性修理等各项费用的开支，提高机械设备的完好率，最大限度地提高机械设备的利用率，避免因使用不当造成机械设备的停置。
(2) 加强机械操作人员的培训工作。不断提高操作技能，提高施工机械台班的生产效率。
(3) 加强配件的管理。建立健全配件领发料制度，严格按油料消耗定额控制油料消耗，做到修理有记录，消耗有定额，统计有报表，损耗有分析。通过经常分析总结，提高修理质量，降低配件消耗，减少修理费用的支出。
(4) 降低材料成本。做好施工机械配件和工程材料采购计划，降低材料成本。
(5) 成立设备管理领导小组，负责设备调度、检查、维修、评估等具体事宜。对主要部件及其保养情况建立档案，分清责任，便于尽早发现问题，找到解决问题的办法。
选项B、E属于台班单价的控制措施。

4. 【答案】A
   【解析】包干控制即在材料使用过程中，对

部分小型及零星材料（如钢钉、钢丝等）根据工程量计算出所需材料量，将其折算成费用，由作业者包干使用。

考点 3 成本动态监控方法

1. 【答案】A

   【解析】由题意可知，进度偏差（SV）>0，所以进度绩效指数（SPI）>1。当 SPI>1 时，表示进度提前，即实际进度比计划进度快。

2. 【答案】D

   【解析】选项 A 错误，已完工作的实际费用 $=3000 \times 26=78000$（元）。

   选项 B 错误，费用绩效指数 $=75000/78000<1$，表示超支，实际费用高于预算费用。

   选项 C 错误，进度绩效指数 $=75000/70000>1$，表示进度提前，实际进度比计划进度快。

   选项 D 正确，费用偏差 $=75000-78000=-3000$（元），为负值，表示项目运行超出预算费用。

3. 【答案】B

   【解析】进度偏差（SV）＝已完工作预算费用（BCWP）－计划工作预算费用（BCWS）＝$(38000 \times 90 - 40000 \times 90) \times 10^{-4} = -18$（万元）。

4. 【答案】B

   【解析】费用偏差（CV）＝已完工作预算费用（BCWP）－已完工作实际费用（ACWP）＝已完成工作量×预算单价－已完成工作量×实际单价＝$160 \times 300 - 160 \times 330 = -4800$（元）。

5. 【答案】ADE

   【解析】已完工作实际费用 $=500 \times 9000 \times 10^{-4} = 450$（万元），已完工作预算费用 $=400 \times 9000 \times 10^{-4} = 360$（万元），计划工作预算费用 $=400 \times 8000 \times 10^{-4} = 320$（万元）。费用偏差＝已完工作预算费用－已完工作实际费用＝$360-450=-90$（万元），费用超支；进度偏差＝已完工作预算费用－计划工作预算费用＝$360-320=40$（万元），进度提前。

6. 【答案】D

   【解析】费用偏差（CV）＝已完工作预算费用（BCWP）－已完工作实际费用（ACWP）＝$(350 \times 600 - 350 \times 650) \times 10^{-4} = -1.75$（万元），当费用偏差 CV 为负值时，即表示费用超支。

   进度偏差（SV）＝已完工作预算费用（BCWP）－计划工作预算费用（BCWS）＝$(350 \times 600 - 300 \times 600) \times 10^{-4} = 3$（万元），当进度偏差 SV 为正值时，表示进度提前，即实际进度快于计划进度。

7. 【答案】ABDE

   【解析】施工管理纠偏组织措施：实行项目经理责任制，落实成本管理的组织机构和人员，明确各级成本管理人员的任务和职能分工、权利和责任。成本管理不仅是专业成本管理人员的工作，各级项目管理人员都负有成本控制责任。组织措施的另一方面是编制成本管理工作计划、确定合理详细的工作流程。要做好施工采购计划，通过生产要素的优化配置、合理使用、动态管理，有效控制实际成本。组织措施是其他各类措施的前提和保障。

   选项 C 属于经济措施。

8. 【答案】AC

   【解析】施工管理纠偏技术措施包括：进行技术经济分析，确定最佳的施工方案；结合施工方法，进行材料使用的比选，在满足功能要求的前提下，通过代用、改变配合比、使用外加剂等方法降低材料消耗的费用；确定合适的施工机械、设备使用方案；结合项目的施工组织设计及自然地理条件，降低材料的库存成本和运输成本；应用先进的施工技术，运用新材料，使用先进的机械设备等。运用技术纠偏措施的关键，一是要能提出多个不同的技术方案，二是要对不同的技术方案进行技术经济分析比较，选择最佳方案。

   选项 B 属于经济措施；选项 D、E 属于组织措施。

9.【答案】D

【解析】施工管理纠偏经济措施:对成本管理目标进行风险分析,并制定防范性对策。对各种支出,应做好资金的使用计划,并在施工中严格控制各项开支。及时准确地记录、收集、整理、核算实际支出的费用。对各种变更,应及时做好增减账、落实业主签证并结算工程款。通过偏差分析和未完工工程预测,可发现一些潜在的可能引起未完工程成本增加的问题,对这些问题应以主动控制为出发点,及时采取预防措施。因此,经济措施的运用绝不仅限于财务人员。

选项A、C属于组织措施;选项B属于合同措施。

第四节 施工成本分析与管理绩效考核

考点 1 施工成本分析的内容和步骤

1.【答案】D

【解析】成本分析方法应遵循下列步骤:
(1)选择成本分析方法。
(2)收集成本信息。
(3)进行成本数据处理。
(4)分析成本形成原因。
(5)确定成本结果。

2.【答案】ABDE

【解析】成本分析的内容包括:
(1)时间节点成本分析。
(2)工作任务分解单元成本分析。
(3)组织单元成本分析。
(4)单项指标成本分析。
(5)综合项目成本分析。

3.【答案】D

【解析】选项A错误,会计核算和统计核算都是对已经发生的经济活动进行核算。

选项B错误,会计核算是价值核算。

选项C错误,统计核算可以用货币计量,也可以用实物或劳动量计量。

4.【答案】B

【解析】业务核算的目的,在于迅速取得资料,以便在经济活动中及时采取措施进行调整。预测成本变化发展的趋势和计算当前的实际成本水平均属于统计核算内容;记录企业的一切生产经营活动属于会计核算内容。

5.【答案】C

【解析】业务核算的范围比会计、统计核算要广。会计和统计核算一般是对已经发生的经济活动进行核算,而业务核算不但可以核算已经完成的项目是否达到原定的目的、取得预期的效果,而且可以对尚未发生或正在发生的经济活动进行核算,以确定该项经济活动是否有经济效果,是否有执行的必要。

6.【答案】A

【解析】选项B错误,会计核算主要是价值核算。

选项C错误,统计核算的计量尺度比会计核算宽,可以用货币,也可以用实物或劳动量计量。

选项D错误,会计和统计核算一般是对已经发生的经济活动进行核算,而业务核算不但可以核算已经完成的项目是否达到原定的目的、取得预期的效果,而且可以对尚未发生或正在发生的经济活动进行核算,以确定该项经济活动是否有经济效果,是否有执行的必要。

考点 2 施工成本分析的基本方法

1.【答案】BCDE

【解析】施工成本分析的基本方法包括比较法、因素分析法、差额计算法、比率法等。

2.【答案】A

【解析】运用因素分析法求由于混凝土消耗量增加导致的成本增加额为:$(320-300) \times 430 = 8600$(元)。

3.【答案】A

【解析】单位产品人工消耗量变动对成本的影响为:$200 \times (11-12) \times 100 = -20000$(元)。

4.【答案】A

【解析】动态比率法是将同类指标不同时期

的数值进行对比,求出比率,以分析该项指标的发展方向和发展速度。动态比率的计算,通常采用基期指数和环比指数两种方法。

5. 【答案】D

【解析】第四季度的基期指数=(64.30/45.60)×100=141.01。

6. 【答案】B

【解析】构成比率法,又称比重分析法或结构对比分析法。通过构成比率,可以考察成本总量的构成情况及各成本项目占总成本的比重,同时也可看出预算成本、实际成本和降低成本的比例关系,从而寻求降低成本的途径。

7. 【答案】C

【解析】因素分析法又称连环置换法,这种方法可用来分析各种因素对成本的影响程度。在进行分析时,首先要假定众多因素中的一个因素发生了变化,而其他因素则不变,然后逐个替换,分别比较其计算结果,以确定各个因素的变化对成本的影响程度。根据题意,产量提高,则单价和损耗率不变,成本=600×800×1.05=504000(元),与目标成本 420000 元比较,增加成本为 84000 元。

8. 【答案】C

【解析】(270-200)×430×1.04=31304(元),所以,因产量增加使成本增加 31304 元。

考点 3 综合成本分析方法

1. 【答案】A

【解析】分部分项工程成本分析是施工项目成本分析的基础。分部分项工程成本分析的对象为已完成分部分项工程。分析的方法是:进行预算成本、目标成本和实际成本的"三算"对比,分别计算实际偏差和目标偏差,分析偏差产生的原因,为今后的分部分项工程成本寻求节约途径。

2. 【答案】CE

【解析】分部分项工程成本分析资料来源:预算成本来自投标报价成本,目标成本来自施工预算,实际成本来自施工任务单的实际工程量、实耗人工和限额领料单的实耗材料。

3. 【答案】B

【解析】选项 A 错误,企业成本要求一年结算一次,不得将本年成本转入下一年度。选项 C、D 错误,项目成本则以项目的寿命周期为结算期,要求从开工到竣工直至保修期结束连续计算,最后结算出总成本及其盈亏。由于项目的施工周期一般较长,除进行月(季)度成本核算和分析外,还要进行年度成本的核算和分析。

4. 【答案】ABD

【解析】单位工程竣工成本分析应包括以下三方面内容:
(1)竣工成本分析。
(2)主要资源节超对比分析。
(3)主要技术节约措施及经济效果分析。

5. 【答案】ABD

【解析】分部分项工程成本分析是施工项目成本分析的基础。分部分项工程成本分析的对象为已完成分部分项工程。由于施工项目包括很多分部分项工程,无法也没有必要对每一个分部分项工程都进行成本分析。特别是一些工程量小、成本费用少的零星工程。但是,对于那些主要分部分项工程必须进行成本分析,而且要做到从开工到竣工进行系统的成本分析。

6. 【答案】ADE

【解析】综合成本的分析方法包括:
(1)分部分项工程成本分析。
(2)月(季)度成本分析。
(3)年度成本分析。
(4)竣工成本的综合分析。

7. 【答案】A

【解析】在成本分析中,如果发现属于规定的"政策性"亏损,则应从控制支出着手,把超支额压缩到最低限度。

考点 4 成本项目分析方法

1. 【答案】C
【解析】选项A错误,主要材料和结构件费用的高低,主要受价格和消耗数量的影响。而材料价格的变动,受采购价格、运输费用、途中损耗、供应不足等因素的影响。
选项B错误,材料采购保管费属于材料的采购成本,材料费分析中应考虑材料的保管费。
选项D错误,材料周转的时间增长,租赁费支出就增加。

2. 【答案】A
【解析】班组甲的人均效益为:150000/50/5400≈0.556。
班组乙的人均效益为:126000/45/5000=0.560。
班组丙的人均效益为:147000/42/4800≈0.729。
班组丁的人均效益为:129000/43/5200≈0.577。
在一般情况下,都希望以最少的工资支出完成最大的产值。通过比较,甲的人均效益最好。

3. 【答案】ABCE
【解析】选项D错误,统计核算的计量尺度比会计宽,可以用货币计算,也可以用实物或劳动量计量。

4. 【答案】B
【解析】材料费分析包括主要材料、结构件和周转材料使用费的分析以及材料储备的分析。材料的储备资金是根据日平均用量、材料单价和储备天数(即从采购到进场所需要的时间)计算的。上述任何一个因素变动,都会影响储备资金的占用量,选项B正确。

考点 5 施工成本管理绩效考核

1. 【答案】A
【解析】项目施工成本降低率=项目施工成本降低额/项目施工合同成本×100%=

(1000-800)/1000×100%=20%。

2. 【答案】A
【解析】企业的项目成本考核指标:
(1)项目施工成本降低额=项目施工合同成本-项目实际施工成本。
(2)项目施工成本降低率=项目施工成本降低额/项目施工合同成本×100%。

3. 【答案】AB
【解析】选项A正确,PDCA管理循环法可以帮助企业进行持续优化。
选项B正确,PDCA管理循环法鼓励企业的各部门协同合作。
选项C错误,是360°反馈法的缺点。
选项D错误,是360°反馈法的优点。
选项E错误,是360°反馈法的优点。

4. 【答案】C
【解析】目标管理法(MBO)的缺点:
(1)目标设定难度大且协调成本高,MBO需要设定量化的目标,但目标的设定不仅面临内外变化的环境而且需要多方沟通协商达成一致,增加了目标设定的难度和沟通成本。
(2)缺乏过程管理,自我管理意识和能力弱的员工容易误解或在制定目标方面产生偏见,加上过程管控缺位,导致达不到目标或者达到的程度走偏。
选项A描述的是MBO的特点,而非缺点。
选项B、D描述的是MBO的优点。

5. 【答案】B
【解析】360°反馈法的优点:
(1)提高考核准确性,360°反馈法涵盖了全方位、多角度的考核,能避免个人偏见等主观因素的影响,使考核结果更全面、公正。
(2)促进个体发展,360°反馈法可以使个体获得多角度的反馈和意见,激励个体提高自身全方位的素质和能力。
(3)增强部门合作,360°反馈法中部门员工相互监督、相互考评,促使员工日常处理好各级关系,增强团队合作意识。

选项 B 属于 360°反馈法的缺点。
6. 【答案】D
   【解析】关键绩效指标（KPIs）主要用于量化指标的考核；360°反馈法是针对个人的全方位评价；PDCA 管理循环法是一个持续改进的过程管理方法；平衡积分卡可以从财务、客户、内部流程、学习与成长四个不同维度进行绩效考核，符合题干描述。

第七章　建设工程施工安全管理

第一节　施工安全管理基本理论

考点 1　危险源分类及控制

1. 【答案】BCE
   【解析】选项 A、D 属于第一类危险源。

2. 【答案】C
   【解析】第一类危险源是固有的能量或危险物质，主要采用技术手段加以控制，包括消除能量源、约束或限制能量（针对生产过程不能完全消除的能量源）、屏蔽隔离、防护等技术手段，同时应落实应急预案的保障措施。

3. 【答案】BCDE
   【解析】第二类危险源是指导致能量或危险物质约束或限制措施破坏或失效，以及防护措施缺乏或失效的因素，包括物的不安全状态（危险状态）、人的不安全行为、环境不良（环境不安全条件）及管理缺陷等因素。

考点 2　施工生产常见危险源

【答案】ACD
【解析】选项 B 错误，基坑/桩孔及边坡护壁必须按照设计进行施工。
选项 E 错误，危险区域必须设置警示标志和防护措施。

考点 3　危险源辨识与风险评价方法

1. 【答案】D
   【解析】在职业健康安全管理中，"危险源"由潜在危险性、存在条件和触发因素三个要件组成，缺一不可。

2. 【答案】C
   【解析】安全检查表法是指用检查表方式将一系列检查项目列出进行分析，以确定装置、设备、场所的状态是否符合安全要求，通过检查发现系统中存在的安全隐患，提出改进措施的一种方法。检查项目可以包括场地、周边环境、设施、设备、操作、管理等各方面。

3. 【答案】C
   【解析】LEC 评价法侧重于风险评价，该方法用与风险有关的三种因素指标值的乘积来评价操作人员伤亡风险的大小。这三种因素分别是 L（Likelihood，事故发生的可能性）、E（Exposure，人员暴露于危险环境中的频繁程度）和 C（Consequence，一旦发生事故可能造成的后果）。

4. 【答案】BCD
   【解析】选项 A 错误，事故树分析法是自下而上、一层层地寻找顶事件的直接原因事件和间接原因事件，直到基本原因事件。
   选项 E 属于 LEC 评价法的内容。

考点 4　安全事故致因理论

1. 【答案】C
   【解析】选项 A 错误，与单因素理论相似，但不全面。事故频发倾向是指个别人容易发生事故的、稳定的、个人的内在倾向。对伤亡事故发生次数进行统计分析发现：当发生事故的概率不存在个体差异时，一定时间内事故发生次数服从泊松分布，事故发生的原因是由于生产条件、机械设备及其他偶然因素引起的。
   选项 B 错误，有关学者进一步研究认为，工厂中存在事故频发倾向者，并且与事故发生次数呈正相关。
   选项 C 正确，对于发生事故次数较多的人，可以通过一定的手段（如心理学测试、日常行为观察）判别是否属于事故频发倾向者。
   选项 D 错误，第二次世界大战后，人们认为事故是由事故频发倾向者引起的观念是错误的，不能把事故的原因简单地归结为个人的因素，应该强调机械的、物质的危险性质在事故致因中的影响。

2. 【答案】D

【解析】基于事故频发倾向理论，预防安全事故的措施有：

(1) 人员选择，即通过严格的生理、心理检验，选择身体、智力、性格特征及动作特征等方面优秀的人才就业。

(2) 人事调整，即把企业中的事故频发倾向者调整岗位或解雇，选项D错误。

3. 【答案】C

【解析】根据能量对人体（有机体）的影响将伤害分为两类：

第一类伤害是由于对人体施加了局部或全身性损伤阈值的能量引起的（人体接触了超过其抵抗力的某种过量的能量）。

第二类伤害是由于影响了人体局部或全身性能量交换引起的（人体与周围环境的正常能量交换受到了干扰），主要指中毒窒息和冻伤。

4. 【答案】C

【解析】轨迹交叉理论将事故的发生与发展过程描述为：基本原因→间接原因→直接原因→事故→伤害。这一事故致因过程是人的因素运动轨迹和物的因素运动轨迹交叉的结果。

(1) 人的因素运动轨迹导致人的不安全行为（人的事件），其运动轨迹是：生理、心理缺陷→社会环境、企业管理上的缺陷→后天的身体缺陷→视、听、嗅、味、触五官能量分配上的差异→行为失误（不安全行为）。

(2) 物的因素运动轨迹导致物的不安全状态（物的事件），其运动轨迹是：设计上的缺陷→制造、工艺流程上的缺陷→维修保养上的缺陷→使用运转上的缺陷→作业场所环境上的缺陷→物的不安全状态。

5. 【答案】ACE

【解析】选项A正确，识别危险源并尽量使其危险性减至最小是系统安全管理的核心任务之一。

选项B错误，系统安全是在规定的性能、时间和成本范围内追求的，而非超出成本范围。

选项C正确，达到最佳的安全程度是在规定性能、时间和成本范围内实现的。

选项D错误，系统安全追求的是减少总的危险性，而非只消除几种选定的危险。

选项E正确，努力把事故发生概率降到最低是系统安全工程的基本原则之一。

第二节 施工安全管理体系及基本制度

考点 1 施工安全管理体系的内容

1. 【答案】A

【解析】企业应当建立健全全员安全生产责任制为核心，包括安全生产规章制度和操作规程，安全投入和物资管理，（技术）措施管理，日常安全管理等在内的制度体系，通过安全生产标准化建设，促进安全生产工作和安全管理的规范化、标准化、程序化。

2. 【答案】D

【解析】选项A不符合题意，组织保证体系主要涉及的是项目管理人员的配备以及工作岗位和职责的划分。

选项B不符合题意，文化保证体系关注的是安全文化的建设以及员工安全意识的培养。

选项C不符合题意，制度保证体系侧重于将安全理念转化为系统的行为要求并通过制度体系进行支持。

选项D符合题意，工作保证体系要求施工企业加强日常安全管理并接受管理层的管理。

3. 【答案】A

【解析】选项A符合题意，项目经理作为工程项目的安全生产第一责任人，对建设工程项目的安全施工负责。

选项B不符合题意，安全生产管理机构负责人是负责该机构的运营，但并未明确被指定为项目负责人。

选项C不符合题意，专职安全生产管理人员负责现场监督检查，但这不是项目负责人的定义。

选项D不符合题意，虽然项目负责人需要及时、如实报告生产安全事故，但他们的角色不限于此。

考点 2　本质安全化管理

1. 【答案】B

   【解析】选项B错误，本质安全化，狭义上讲是指机器、设备和工艺本身所具有的安全性能。当系统发生故障时，机器、设备和工艺能够自动防止操作失误或引发事故；即使由于人为操作失误，设备系统也能够自动排除、切换或安全地停止运转，从而保障人身、设备和财产的安全。对于施工安全而言，本质安全是指施工活动使用的机器、设备以及施工工艺和工程产品本身具有的安全性能。本质安全的理念是从工艺源头上永久地消除风险，而不是仅仅靠控制系统、报警系统、联锁系统的使用来减小事故发生概率和减轻事故后果的严重性。

2. 【答案】ABCE

   【解析】选项D错误，本质安全化管理中，安全文化建设是非常重要的一环，不应被忽视。

考点 3　全员安全生产责任制

1. 【答案】A

   【解析】全员安全生产责任制应包括所有从业人员的安全生产责任，明确从主要负责人到一线从业人员（含劳务派遣人员、实习学生等）的安全生产责任、责任范围和考核标准。从人员安全生产责任角度看，要"横向到边、纵向到底"。

2. 【答案】B

   【解析】企业要在适当位置对全员安全生产责任制进行长期公示。应长期公示的内容包括所有层级、所有岗位的安全生产责任、安全生产责任范围和安全生产责任考核标准等。

3. 【答案】C

   【解析】企业主要负责人对本单位安全生产工作的法定职责：

   （1）建立健全并落实本单位全员安全生产责任制，加强安全生产标准化建设。

   （2）组织制定并实施本单位安全生产规章制度和操作规程。

   （3）组织制定并实施本单位安全生产教育和培训计划。

   （4）保证本单位安全生产投入的有效实施。

   （5）组织建立并落实安全风险分级管控和隐患排查治理双重预防工作机制，督促、检查本单位的安全生产工作，及时消除生产安全事故隐患。

   （6）组织制定并实施本单位的生产安全事故应急救援预案。

   （7）及时、如实报告生产安全事故。

4. 【答案】ABC

   【解析】施工作业人员安全生产职责主要有：

   （1）在作业过程中，应当遵守安全施工的强制性标准、规章制度和操作规程，服从管理，正确佩戴和使用安全防护用具、规范操作机械设备等。

   （2）接受安全生产教育培训的义务，掌握必要的施工安全生产知识，熟悉有关的规章制度和安全操作规程，掌握本岗位安全操作技能。未经教育培训或者教育培训考核不合格的，不上岗作业。

   （3）履行施工安全事故报告义务。从业人员发现事故隐患或者其他不安全因素，应当立即向现场安全生产管理人员或者本单位负责人报告。

考点 4　安全生产费用提取、管理和使用制度

1. 【答案】C

   【解析】施工企业编制投标报价应包含并单列企业安全生产费用。

2. 【答案】B

   【解析】企业安全生产费用月初结余达到上一年应计提金额三倍及以上的，自当月开始暂停提取企业安全生产费用，直至企业安全

生产费用结余低于上一年应计提金额三倍时恢复提取。

3.【答案】B

【解析】安全生产费用提取标准：铁路工程的提取标准是3‰；矿山工程的提取标准是3.5‰，为所列工程中最高；水利水电工程的提取标准是2.5‰；市政公用工程的提取标准是1.5‰。

4.【答案】D

【解析】企业职工薪酬、福利不得从企业安全生产费用中支出。

5.【答案】ABDE

【解析】建设工程施工企业安全生产费用应用于以下支出：

（1）完善、改造和维护安全防护设施设备支出（不含"三同时"要求初期投入的安全设施）。

（2）应急救援技术装备、设施配置及维护保养支出，事故逃生和紧急避难设施设备的配置和应急救援队伍建设、应急预案制修订与应急演练支出。

（3）开展施工现场重大危险源检测、评估、监控支出，安全风险分级管控和事故隐患排查整改支出，工程项目安全生产信息化建设、运维和网络安全支出。

（4）安全生产检查、评估评价（不含新建、改建、扩建项目安全评价）、咨询和标准化建设支出。

（5）配备和更新现场作业人员安全防护用品支出。

（6）安全生产宣传、教育、培训和从业人员发现并报告事故隐患的奖励支出。

（7）安全生产适用的新技术、新标准、新工艺、新装备的推广应用支出。

（8）安全设施及特种设备检测检验、检定校准支出。

（9）安全生产责任保险支出。

（10）与安全生产直接相关的其他支出。

考点 5　安全生产教育培训制度

1.【答案】C

【解析】企业新上岗的从业人员，岗前安全培训时间不得少于24学时。

2.【答案】D

【解析】施工项目部级岗前安全培训的内容包括：

（1）工作环境及危险因素。

（2）所从事工种可能遭受的职业伤害和伤亡事故。

（3）所从事工种的安全职责、操作技能及强制性标准。

（4）自救互救、急救方法、疏散和现场紧急情况的处理。

（5）安全设备设施、个人防护用品的使用和维护。

（6）本项目安全生产状况及规章制度。

（7）预防事故和职业危害的措施及应注意的安全事项。

（8）有关事故案例。

（9）其他需要培训的内容。

考点 6　安全生产许可制度

1.【答案】C

【解析】选项C错误，管理人员和作业人员每年至少进行一次安全生产教育培训并考核合格。

2.【答案】D

【解析】选项A错误，安全生产许可证有效期为3年。

选项B错误，企业应该在期满前3个月办理延期手续。

选项C错误，企业在安全生产许可证有效期内，严格遵守有关安全生产的法律法规，未发生死亡事故的，安全生产许可证有效期届满时，经原安全生产许可证颁发管理机关同意，不再审查，安全生产许可证有效期延期3年。

3.【答案】B

【解析】建筑施工企业变更名称、地址、法定代表人等，应当在变更后10日内，到原安全生产许可证颁发管理机关办理变更手续。

4. 【答案】C

【解析】建筑施工企业遗失安全生产许可证，应立即向原颁发机关报告，并在公众媒体上声明作废后，才能申请补办。

考点 7　管理人员及特种作业人员持证上岗制度

1. 【答案】D

【解析】特种作业人员应年满18周岁，且不超过国家法定退休年龄。

2. 【答案】B

【解析】特种作业操作证的复审周期是每3年复审1次。

3. 【答案】C

【解析】建筑施工特种作业人员包括建筑电工、建筑架子工、建筑起重信号司索工、建筑起重机械司机、建筑起重机械安装拆卸工、高处作业吊篮安装拆卸工和经省级以上人民政府住房和城乡建设主管部门认定的其他特种作业人员等。

4. 【答案】D

【解析】特种作业人员在特种作业操作证有效期内，连续从事本工种10年以上，严格遵守有关安全生产法律法规的，经原考核发证机关或者从业所在地考核发证机关同意，特种作业操作证的复审时间可以延长至每6年1次。

5. 【答案】ACE

【解析】选项A正确，特种作业人员必须取得特种作业操作证方可上岗作业。

选项B错误，特种作业人员年龄上限是不超过国家法定退休年龄。

选项C正确，特种作业操作证每3年复审1次。

选项D错误，无论连续从事特种作业多少年，都需要按时复审，只有符合特定条件的可以延长至每6年复审1次。

选项E正确，复审需提交安全培训考试合格记录。

考点 8　重大危险源管理制度

【答案】D

【解析】选项D错误，在危险源监控和管理过程中，需做好检查、检测、检验情况的文字记录，并建立档案。

考点 9　劳动保护用品使用管理制度

1. 【答案】D

【解析】选项A错误，劳动保护用品必须以实物形式发放，不得以货币或其他物品替代。

选项B错误，企业必须免费为施工作业人员提供劳动保护用品。

选项C错误，企业更换已损坏或已到使用期限的劳动保护用品时，不得收取或变相收取任何费用。

选项D正确，符合"谁用工，谁负责"的原则，企业必须按国家规定免费发放劳动保护用品。

2. 【答案】C

【解析】企业采购劳动保护用品时，应查验劳动保护用品生产厂家或供货商的生产、经营资格，验明商品合格证明和商品标识，以确保采购劳动保护用品的质量符合安全使用要求。

考点 10　安全生产检查制度

1. 【答案】A

【解析】施工企业安全生产检查应包括下列内容：

(1) 安全管理目标的实现程度。

(2) 安全生产职责的履行情况。

(3) 各项安全生产管理制度的执行情况。

(4) 施工现场管理行为和实物状况。

(5) 生产安全事故、未遂事故和其他违规违法事件的报告调查、处理情况。

(6) 安全生产法律法规、标准规范和其他要求的执行情况。

2. 【答案】ABCE

【解析】安全生产检查管理的要求：

(1) 安全生产检查管理应包括安全检查的内容、形式、类型、标准、方法、频次、整改、复查等工作内容。

(2) 施工企业安全生产检查应配备必要的检查、测试器具，对存在的问题和隐患，应定人、定时间、定措施组织整改，并应跟踪复查直至整改完毕。

(3) 施工企业对安全检查中发现的问题，宜按隐患类别分类记录，定期统计，并应分析确定多发和重大隐患类别，制定实施治理措施。

(4) 施工企业应建立并保存安全生产检查资料和记录。

考点 11 安全生产会议制度

1. 【答案】C

【解析】选项C错误，安全生产现场会可能会结合各类评比活动召开，并不限于内部人员参加。

2. 【答案】ABE

【解析】选项C错误，项目经理及其他项目管理人员应分头定期不定期地检查或参加班组班前安全活动会议。

选项D错误，项目专职安全生产管理员应不定期地抽查班组班前安全活动记录。

3. 【答案】BCD

【解析】不定期安全生产会议包括安全生产技术交底会、安全生产专题会、安全生产事故分析会、安全生产现场会。

考点 12 施工设施、设备和劳动防护用品安全管理制度

【答案】ACD

【解析】施工设施、设备和劳动防护用品安全管理制度：

(1) 施工企业施工设施、设备和劳动防护用品的安全管理应包括购置、租赁、装拆、验收、检测、使用、保养、维修、改造和报废等内容。

(2) 施工企业应根据安全管理目标，生产经营特点、规模、环境等，配备符合安全生产要求的施工设施、设备、劳动防护用品及相关的安全检测器具。

(3) 生产经营活动内容可能包含机械设备的施工企业，应按规定设置相应的设备管理机构或者配备专职的人员进行设备管理。

(4) 施工企业应建立并保存施工设施、设备、劳动防护用品及相关的安全检测器具管理档案。

(5) 施工企业应定期分析施工设施、设备、劳动防护用品及相关的安全检测器具的安全状态，并采取必要的改进措施。

(6) 施工企业应自行设计或优先选用标准化、定型化、工具化的安全防护设施。

考点 13 安全生产考核和奖惩制度

【答案】ABDE

【解析】安全生产考核应包括下列内容：

(1) 安全目标实现程度。

(2) 安全职责履行情况。

(3) 安全行为。

(4) 安全业绩。

(5) 施工企业应针对生产经营规模和管理状况，明确安全生产考核的周期，并应及时兑现奖惩。

第三节 专项施工方案及施工安全技术管理

考点 1 专项施工方案编制对象及内容

1. 【答案】D

【解析】根据《建设工程安全生产管理条例》，对下列达到一定规模的危险性较大的分部分项工程，施工单位应编制专项施工方案，并附具安全验算结果，经施工单位技术负责人、总监理工程师签字后实施，由专职安全生产管理人员进行现场监督：

(1) 基坑支护与降水工程。

(2) 土方开挖工程。

(3) 模板工程。

(4) 起重吊装工程。

(5)脚手架工程。

(6)拆除、爆破工程。

(7)国务院建设行政主管部门或者其他有关部门规定的其他危险性较大的工程。

2.【答案】B

【解析】选项B错误,专项施工方案必须由专职安全生产管理人员进行现场监督。

3.【答案】C

【解析】施工单位对达到一定规模的危险性较大的分部分项工程编制专项施工方案,并附具安全验算结果,经施工单位技术负责人、总监理工程师签字后实施,由专职安全生产管理人员进行现场监督。

4.【答案】C

【解析】施工工艺技术包括技术参数、工艺流程、施工方法、操作要求、检查要求等。

5.【答案】C

【解析】专项施工方案编制依据包括相关法律、法规、规范性文件、标准、规范及施工图设计文件、施工组织设计等。

6.【答案】ABDE

【解析】专项施工方案的主要内容应包括工程概况、编制依据、施工计划、施工工艺技术、施工安全保证措施、施工管理及作业人员配备和分工、验收要求、应急处置措施、计算书及相关施工图纸。

考点 2 专项施工方案编制和审查程序

【答案】C

【解析】超过一定规模的危险性较大的分部分项工程专项施工方案经论证不通过的,施工单位需要对方案进行修改并按照规定的要求重新组织专家论证。

考点 3 施工安全技术措施

1.【答案】B

【解析】在进行临边作业时,若坠落高度基准面达到2m及以上时,应在临空一侧设置防护栏杆,并采用密目式安全立网或工具式栏板封闭。

2.【答案】D

【解析】攀登作业使用单梯时,梯面应与水平面成75°夹角。

3.【答案】ABCE

【解析】选项D错误,高处作业人员应佩戴工具袋,装入小型工具、小材料和配件等,防止坠落伤人。

考点 4 安全防护设施、用品技术要求

1.【答案】B

【解析】选项B正确,当防护栏杆高度大于1.2m时,应增设横杆,横杆间距不应大于600mm。

2.【答案】B

【解析】选项B错误,安全防护棚应采用双层保护方式,当采用脚手片时,层间距600mm,铺设方向应互相垂直。

3.【答案】B

【解析】安全带冲击作用力峰值应小于或等于6kN。

4.【答案】ABDE

【解析】选项C错误,侧向刚性要求最大变形不应大于40mm,残余变形不应大于15mm,帽壳不得有碎片脱落。

考点 5 施工安全技术交底

1.【答案】D

【解析】选项A错误,逐级交底的过程:首先由项目技术负责人向施工员、班组长、分包单位技术负责人交底,然后班组长再向操作工人交底。

选项B错误,除了项目技术负责人,施工员、班组长、分包单位技术负责人都需要参与交底工作。

选项C错误,根据规定,安全技术交底后需双方签字确认,不能仅依靠口头说明。

2.【答案】B

【解析】选项B错误,技术交底应进行书面交底,而不是口头交底。

3.【答案】ABCD

【解析】施工安全技术交底的主要内容：
(1) 工程项目和分部分项工程的概况。
(2) 施工项目的施工作业特点和危险点。
(3) 针对危险点的具体预防措施。
(4) 作业中应遵守的安全操作规程及应注意的安全事项。
(5) 作业人员发现事故隐患应采取的措施。
(6) 发生事故后应及时采取的避难和急救措施。

第四节　施工安全事故应急预案和调查处理

考点 1　安全风险分级管控

1.【答案】C
【解析】施工企业安全风险等级从高到低划分为重大风险、较大风险、一般风险和低风险，分别用红、橙、黄、蓝四种颜色标示。

2.【答案】D
【解析】施工企业根据风险评估结果，针对安全风险特点，从组织、制度、技术、应急等方面对安全风险进行有效管控。通过隔离危险源、采取技术手段、实施个体防护、设置监控设施等措施，达到回避、降低和监测风险的目的。
选项D不符合题意，减少员工培训频次不仅不是有效措施，反而可能增加风险。

考点 2　安全事故隐患治理体系

【答案】ABCD
【解析】重大事故隐患报告的内容应包括：
(1) 隐患的现状及其产生原因。
(2) 隐患的危害程度和整改难易程度分析。
(3) 隐患的治理方案。
选项E属于重大事故隐患治理方案的内容。

考点 3　安全事故隐患治理"五落实"

1.【答案】C
【解析】落实隐患排查治理预案：要求企业制定隐患排查治理预案，明确和细化隐患排查的事项、内容和频次，制定符合企业实际的隐患排查治理清单。

2.【答案】ABCD
【解析】选项E错误，隐患排查治理预案包含排查的事项、内容、频次和治理清单。

考点 4　安全事故应急预案

1.【答案】B
【解析】施工单位的应急预案经评审或者论证后，由本单位主要负责人签署，向本单位从业人员公布，并及时发放到本单位有关部门、岗位和相关应急救援队伍。

2.【答案】D
【解析】应急预案的编制应遵循以人为本、依法依规、符合实际、注重实效的原则，以应急处置为核心，明确应急职责、规范应急程序、细化保障措施。

3.【答案】C
【解析】选项A错误，无论是综合应急预案、专项应急预案还是现场处置方案，它们都需要包含事故风险描述的内容。
选项B错误，如果专项应急预案与综合应急预案中的应急组织机构、应急响应程序相近，可以不编写专项应急预案，相应的应急处置措施并入综合应急预案。
选项C正确，现场处置方案是针对具体场所、装置或设施所制定的应急处置措施，重点规范事故风险描述、应急工作职责等内容。
选项D错误，综合应急预案是指企业为应对各种生产安全事故而制定的综合性工作方案。

4.【答案】C
【解析】选项A错误，有利害关系的评审人员应当回避，以保证评审的公正性。
选项B错误，应急预案论证不是仅限于实地考察，还可以通过推演的方式开展。
选项D错误，参加应急预案评审的人员可包括有关安全生产及应急管理方面的、有现场处置经验的专家。

5.【答案】C
【解析】现场处置方案是针对具体的装置、

场所或设施、岗位所制定的应急处置措施。

考点 5 施工安全事故等级

1.【答案】 C

【解析】根据《生产安全事故报告和调查处理条例》，生产安全事故分为以下等级：

（1）特别重大事故，是指造成30人及以上死亡，或者100人及以上重伤（包括急性工业中毒，下同），或者1亿元及以上直接经济损失的事故。

（2）重大事故，是指造成10人及以上30人以下死亡，或者50人及以上100人以下重伤，或者5000万元及以上1亿元以下直接经济损失的事故。

（3）较大事故，是指造成3人及以上10人以下死亡，或者10人及以上50人以下重伤，或者1000万元及以上5000万元以下直接经济损失的事故。

（4）一般事故，是指造成3人以下死亡，或者10人以下重伤，或者1000万元以下直接经济损失的事故。

2.【答案】 D

【解析】根据《生产安全事故报告和调查处理条例》，生产安全事故分为以下等级：

（1）特别重大事故，是指造成30人以上死亡，或者100人以上重伤（包括急性工业中毒，下同），或者1亿元以上直接经济损失的事故。

（2）重大事故，是指造成10人以上30人以下死亡，或者50人以上100人以下重伤，或者5000万元以上1亿元以下直接经济损失的事故。

（3）较大事故，是指造成3人以上10人以下死亡，或者10人以上50人以下重伤，或者1000万元以上5000万元以下直接经济损失的事故。

（4）一般事故，是指造成3人以下死亡，或者10人以下重伤，或者1000万元以下直接经济损失的事故。

3.【答案】 B

【解析】较大事故，是指造成3人以上10人以下死亡，或者10人以上50人以下重伤，或者1000万元以上5000万元以下直接经济损失的事故。

考点 6 施工安全事故应急救援

【答案】 ABDE

【解析】应急救援的基本任务如下：

（1）立即组织营救受害人员，组织撤离或者采取其他措施保护危害区域内的其他人员。抢救受害人员是应急救援的首要任务。

（2）迅速控制事态，并对事故造成的危害进行检测、监测，测定事故的危害区域、危害性质及危害程度，及时控制住造成事故的危险源是应急救援工作的重要任务，只有及时地控制住危险源，防止事故的继续扩展，才能及时有效进行救援。

（3）消除危害后果，做好现场恢复。及时清理废墟和恢复基本设施，将事故现场恢复至相对稳定的基本状态。

（4）查清事故原因，评估危害程度。事故发生后应及时调查事故发生的原因和事故性质，评估出事故的危害范围和危险程度，查明人员伤亡情况，做好事故调查。

考点 7 施工安全事故报告

1.【答案】 D

【解析】选项A错误，生产安全事故发生后，施工单位负责人接到报告后，应在1小时内向事故发生地县级以上人民政府建设主管部门和有关部门报告。

选项B错误，情况紧急时，事故现场有关人员可以直接向事故发生地县级以上人民政府建设主管部门和有关部门报告。

选项C错误，一般事故上报至设区的市级人民政府应急管理部门和负有安全生产监督管理职责的有关部门。

2.【答案】 A

【解析】事故发生后，事故现场有关人员应

当立即向本单位负责人报告；本单位负责人接到报告后，应当在 1 小时内向事故发生地县级以上人民政府建设主管部门和负有安全生产监督管理职责的有关部门报告。

考点 8　施工安全事故调查

1.【答案】B

【解析】事故调查组应当自事故发生之日起 60 日内提交事故调查报告；特殊情况下，经负责事故调查的人民政府批准，提交事故调查报告的期限可以适当延长，但延长的期限最长不超过 60 日。

2.【答案】C

【解析】事故调查组履行下列职责：
（1）查明事故发生的经过、原因、人员伤亡情况及直接经济损失。
（2）认定事故的性质和事故责任。
（3）提出对事故责任者的处理建议。
（4）总结事故教训，提出防范和整改措施。
（5）提交事故调查报告。

3.【答案】ABDE

【解析】事故调查报告包括下列内容：
（1）事故发生单位概况。
（2）事故发生经过和事故救援情况。
（3）事故造成的人员伤亡和直接经济损失。

（4）事故发生的原因和事故性质。
（5）事故责任的认定以及对事故责任者的处理建议。
（6）事故防范和整改措施。

4.【答案】D

【解析】事故调查组应当自事故发生之日起 60 日内提交事故调查报告。

5.【答案】C

【解析】未造成人员伤亡的一般事故，县级人民政府也可以委托事故发生单位组织事故调查组进行调查。一般事故，是指造成 3 人以下死亡，或者 10 人以下重伤，或者 1000 万元以下直接经济损失的事故。

考点 9　施工安全事故处理

1.【答案】B

【解析】特别重大事故在收到事故调查报告后 30 日内做出批复；特殊情况下，批复时间可以适当延长，但延长时间最长不超过 30 日。

2.【答案】AC

【解析】一般事故由事故发生地县级人民政府负责调查，负责事故调查的人民政府应当自收到事故调查报告之日起 15 日内作出批复。

第八章　绿色建造及施工现场环境管理

第一节　绿色建造管理

考点 1　绿色建造基本要求

1. 【答案】C

   【解析】绿色施工策划中，应按照国家标准《建筑工程绿色施工评价标准》（GB/T 50640—2010）中的优良级别，明确项目绿色施工关键指标。

2. 【答案】ABDE

   【解析】绿色建造的基本要求：

   (1) 绿色建造应统筹考虑工程质量、安全、效率、环保、生态等要素，实现工程策划、设计、施工、交付全过程一体化，提高建造水平和建筑品质。

   (2) 绿色建造应全面体现绿色要求，有效降低建造全过程对资源的消耗和对生态环境的影响，减少碳排放，整体提升建造活动绿色化水平。

   (3) 绿色建造宜采用系统化集成设计、精益化生产施工、一体化装修的方式，加强新技术推广应用，整体提升建造方式工业化水平。

   (4) 绿色建造宜结合实际需求，有效采用BIM、物联网、大数据、云计算、移动通信、区块链、人工智能、机器人等相关技术，整体提升建造手段信息化水平。

   (5) 绿色建造宜采用工程总承包、全过程工程咨询等组织管理方式，促进设计、生产、施工深度协同，整体提升建造管理集约化水平。

   (6) 绿色建造宜加强设计、生产、施工、运营全产业链上下游企业间的沟通合作，强化专业分工和社会协作，优化资源配置，构建绿色建造产业链，整体提升建造过程产业化水平。

   选项C错误，绿色建造推广的是新技术和新方法，而不是传统建造方式。

3. 【答案】ACDE

   【解析】绿色设计策划：

   (1) 应根据绿色建造目标，结合项目定位，在综合技术经济可行性分析基础上，确定绿色设计目标与实施路径，明确主要绿色设计指标和技术措施。

   (2) 应推进建筑、结构、机电设备、装饰装修等专业的系统化集成设计。

   (3) 应以保障性能综合最优为目标，对场地、建筑空间、室内环境、建筑设备进行全面统筹。

   (4) 应明确绿色建材选用依据、总体技术性能指标，确定绿色建材的使用率。

   (5) 应综合考虑生产、施工的便易性，提出全过程、全专业、各参与方之间的一体化协同设计要求。

   选项B错误，绿色设计策划应该强调绿色建材的选用，而不是传统建材和构件。

4. 【答案】B

   【解析】选项A错误，绿色设计应该贯穿建造全过程。

   选项B正确，绿色设计宜应用BIM等数字化设计方式，实现设计协同、设计优化。

   选项C错误，设计变更不应降低工程绿色性能。

   选项D错误，绿色设计应统筹确定各类建材及设备的设计使用年限。

考点 2　绿色施工相关理念、原则和方法

1. 【答案】BCE

   【解析】循环经济的"3R"原则，即"减量化"（Reduce）、"再利用"（Reuse）、"再循环"（Recycle），是绿色施工需遵循的重要原则。

2. 【答案】D

【解析】"三清一控"包括清洁的原料与能源、清洁的生产过程、清洁的产品和贯穿清洁生产的全过程控制。

选项D不符合题意，资源的再生与再利用虽然是绿色施工的一部分，但不属于"三清一控"的内容。

考点 3　各方主体绿色施工具体职责

1. 【答案】C

   【解析】选项A描述的是工程监理单位的职责。

   选项B描述的是总承包单位在总承包管理建设工程中的职责。

   选项D描述的是监理单位的职责。

2. 【答案】C

   【解析】选项C错误，总承包单位需要对专业承包单位的绿色施工实施管理，而专业承包单位应对工程承包范围的绿色施工负责。

3. 【答案】A

   【解析】选项B、D是施工单位的职责；选项C是设计单位的职责。

4. 【答案】ABCE

   【解析】选项D错误，编制绿色施工方案是施工单位的职责。

考点 4　绿色施工管理措施

1. 【答案】B

   【解析】选项A错误，绿色施工方案不仅仅只包含节材措施和节水措施。

   选项B正确，绿色施工方案的编制包含改善作业条件、降低劳动强度、节约人力资源等。

   选项C错误，绿色施工方案包含的内容不止这两项。

   选项D错误，绿色施工方案包含设备材料管理的措施。

2. 【答案】ABCD

   【解析】绿色施工技术措施：

   （1）节材与材料资源利用，包括结构材料、围护材料、装饰装修材料、周转材料等方面

的节约措施和绿色材料利用。

   （2）节水与水资源利用，包括提高用水效率、非传统水资源利用和用水安全。

   （3）节能与能源利用，包括机械设备与机具、生产、生活及办公临时设施，施工用电及照明等方面的节能措施和可再生能源利用。

   （4）节地与施工用地保护，包括临时用地保护和施工总平面布置优化。

   （5）环境保护，包括扬尘控制、噪声振动控制、光污染控制、水污染控制、土壤保护、建筑垃圾控制、地下设施和资源保护等。

3. 【答案】D

   【解析】排放和减量化管理：

   （1）应按照分区划块原则，规范施工污染排放和资源消耗管理，进行定期检查或测量，实施预控和纠偏措施，保持现场良好的作业环境和卫生条件。

   （2）施工单位应制定建筑垃圾减量化计划，如每万平方米住宅建筑的建筑垃圾不宜超过400t；编制建筑垃圾处理方案，采取污染防治措施，设专人按规定处置有毒有害物质。

4. 【答案】ABC

   【解析】用能用水管理：

   （1）应制定合理的施工能耗指标，明确节能措施，提高施工能源利用率。施工现场分别设定生产、生活、办公和施工设备的用电控制指标，定期进行计量、核算、对比分析，并有预防与纠正措施。

   （2）施工现场应分别对生活用水与工程用水确定用水定额指标，并分别计量管理。大型工程的不同单项工程、不同标段、不同分包生活区，凡具备条件的应分别计量用水量。在签订不同标段分包或劳务合同时，将节水定额指标纳入合同条款，进行计量考核。

   选项D错误，对生产用水同样需要进行计量管理。

   选项E错误，施工现场应设置安全与纠正措施。

考点 5　绿色施工技术措施

1. 【答案】C

   【解析】《建筑施工场界环境噪声排放标准》（GB 12523—2011）规定，昼间场界环境噪声排放限值为 70dB（A），夜间场界环境噪声排放限值为 55dB（A）。夜间噪声最大声级超过限值的幅度不得高于 15dB（A）。

2. 【答案】B

   【解析】选项 B 错误，噪声测量应根据施工场地周围噪声敏感建筑物位置和声源位置的布局，测点应设在对噪声敏感建筑物影响较大、距离较近的位置。测点通常应设在建筑施工场界外 1m、高度 1.2m 以上的位置。

第二节　施工现场环境管理

考点 1　施工现场文明施工要求

【答案】C

【解析】选项 C 错误，施工管理要求保护环境，而不能忽视环保。

考点 2　施工现场环境保护措施

1. 【答案】C

   【解析】施工现场环境保护的"控制项"是指绿色施工过程中必须达到的基本要求条款。对于施工现场环境保护而言，"控制项"包括以下内容：

   （1）应建立环境保护管理制度。
   （2）绿色施工策划文件中应包含环境保护内容。
   （3）施工现场应在醒目位置设环境保护标识。
   （4）应对施工现场的古迹、文物、墓穴、树木、森林及生态环境等采取有效保护措施，制定地下文物应急预案。
   （5）施工现场不应焚烧废弃物。
   （6）土方回填不得采用有毒有害废弃物。

   选项 C 不符合题意，实际上是"一般项"中关于扬尘控制的具体措施之一，不属于控制项。

2. 【答案】ACDE

   【解析】施工现场噪声控制应符合下列规定：

   （1）针对现场噪声源，应采取隔声、吸声、消声等措施，降低现场噪声。
   （2）应采用低噪声设备施工。
   （3）噪声较大的机械设备应远离现场办公区、生活区和周边敏感区。
   （4）混凝土输送泵、电锯等机械设备应设置吸声降噪屏或其他降噪措施。
   （5）施工作业面应设置降噪设施。
   （6）材料装卸应轻拿轻放，控制材料撞击噪声。
   （7）封闭及半封闭环境内噪声不应大于 85dB。

3. 【答案】C

   【解析】施工现场环境保护的"优选项"是指绿色施工过程中实施难度较大、要求较高的条款。对于施工现场环境保护而言，"优选项"包括以下内容：

   （1）施工现场宜设置可移动环保厕所，并定期清运、消毒。
   （2）现场宜采用自动喷雾（淋）降尘系统。
   （3）场界宜设置扬尘自动监测仪，动态连续定量监测扬尘（TSP、PM10）。
   （4）场界宜设置动态连续噪声监测设施，显示昼夜噪声曲线。
   （5）建筑垃圾产生量不宜大于 210 吨/万平方米。
   （6）宜采用地磅或自动监测平台，动态计量固体废弃物重量。
   （7）现场宜采用雨水就地渗透措施。
   （8）宜采用生态环保泥浆、泥浆净化器反循环快速清孔等环境保护技术。
   （9）宜采用装配式方法施工。

第九章　国际工程承包管理

第一节　国际工程承包市场开拓

考点 1　国际工程承包相关政策

1.【答案】B
【解析】实行备案管理的范围是投资主体直接开展的非敏感类项目。

2.【答案】B
【解析】实行备案管理的项目中，投资主体是中央管理企业的，备案机关是国家发展和改革委员会；投资主体是地方企业，且中方投资额3亿美元及以上的，备案机关是国家发展和改革委员会；投资主体是地方企业，且中方投资额3亿美元以下的，备案机关是投资主体注册地的省级政府发展改革部门。

考点 2　国际工程承包市场进入

1.【答案】D
【解析】外国企业设立形式包括公司代表处（办事处）、分公司、独资企业、有限责任公司和股份有限公司等形式。

2.【答案】C
【解析】国际金融机构贷款和资金援助项目要求必须按照国际金融机构的相关规定进行公开招标。

第二节　国际工程承包风险及应对策略

考点 1　国际工程承包风险

【答案】ADE
【解析】国际工程承包的市场风险：全球和项目所在国的市场环境对国际工程承包企业的经营活动有直接影响。当前，国际市场风险加剧，不少发展中国家基础设施缺乏财政资源，投资规模及发展空间受限；大批基建投资计划搁浅，项目数量减少；国际供应链原材料和航运、物流成本大幅上涨；生产、生活物资和人工价格飙升，项目建设成本增大；国际工程承包企业同质化和低价竞争加剧，中国企业海外市场空间收窄、盈利下降。中国国际工程承包企业应充分考虑市场疲软、成本攀升、低价竞标等对企业的不利影响。
选项B属于经济风险。
选项C属于社会风险。

考点 2　国际工程承包风险应对策略

【答案】C
【解析】针对汇率风险管控应做到：全面收集影响汇率的各种风险因素；根据汇率风险规避原则，在合同中约定有利于规避汇率风险的条款；加强与境内外金融机构的合作，综合运用多种金融工具和手段应对汇率风险。
选项C错误，采用人民币结算并不能做到"完全避免外币兑换"，特别是在国际工程承包领域，往往涉及跨国交易，存在外币兑换的需求。

第三节　国际工程投标与合同管理

考点 1　FIDIC施工合同管理

1.【答案】D
【解析】业主责任和义务：委托任命工程师代表业主进行合同管理；承担大部分或全部设计工作并及时向承包商提供设计图纸；给予承包商现场占有权；向承包商及时提供信息、指示、同意、批准及发出通知；避免可能干扰或阻碍工程进度的行为；提供业主方应提供的保障和物资；在必要时指定专业分包商和供应商；做好项目资金安排；在承包商完成相应工作时按时支付工程款；协助承包商申办工程所在国法律要求的相关许可等。

选项 D 错误，业主并非负责支付工程执行和竣工的所有费用，而是要按时支付承包商完成相应工作后的工程款。

2. 【答案】C

【解析】选项 A 正确，承包商需要在开工日期后立即开始施工。

选项 B 正确，竣工时间是计算从开工日期起到合同规定的工程或分项工程要求竣工的时间段。

选项 C 错误，工程师应该在开工日期前至少 14 天发出开工日期的通知，而不是 28 天。

选项 D 正确，承包商确实应该在竣工时间内，完成整个工程和每个分项工程。

3. 【答案】D

【解析】工程师责任和义务：执行业主委托的施工项目质量、进度、费用、安全、环境等目标监控和日常管理工作，包括协调、联系、指示、批准和决定等；确定确认合同款支付、工程变更、试验、验收等专业事项等；工程师还可以向助手指派任务和委托部分权力，但工程师无权修改合同，无权解除任何一方依照合同具有的职责、义务或责任。

选项 D 错误，工程师无权解除承包商依照合同具有的职责、义务或责任。

4. 【答案】C

【解析】选项 A 错误，费用不仅仅是在现场内发生的所有合理开支，还包括现场外发生的开支。

选项 B 错误，费用的定义不涉及不可抗力下的损失和损害赔偿。

选项 C 正确，费用是指承包商履行合同时在现场内外发生的所有合理开支，包括税费、管理费等，但不包括利润。

选项 D 错误，承包商根据合同有权获得的费用，应加到合同价格中。

5. 【答案】C

【解析】选项 A 正确，暂列金额用于承包商实施工程师指示的变更。

选项 B 正确，暂列金额用于承包商从指定分包或其他商家采购的费用。

选项 C 错误，暂列金额不能用于承包商自行决定的任意额外工程，必须按工程师指示使用。

选项 D 正确，暂列金额应当按照工程师指示的方式使用，并根据使用情况对合同价格进行调整。

6. 【答案】D

【解析】选项 A 正确，进度计划应使用软件编制，并在工程师发出开工日期通知后 28 天内提交。

选项 B 正确，如果工程师通知承包商进度计划不符合合同要求，承包商应在收到该通知后 14 天内提交修订进度计划。

选项 C 正确，进度计划内容包括开工日期和竣工日期、工作顺序、各阶段的时间安排以及合同要求的检验和试验时间。

选项 D 错误，承包商应在收到工程师发出的开工日期的通知后 28 天内提交一份初步进度计划，而不是 7 天内。

考点 2 FIDIC 设计—采购—施工（EPC）合同管理

1. 【答案】D

【解析】选项 D 错误，与 FIDIC《施工合同条件》（新红皮书）不同，EPC/交钥匙工程合同中没有"工程师"这一角色，而是由业主委派"业主代表"代表业主负责工程管理工作，实现合同目标。承包商应接受业主或业主代表提出的指令。

2. 【答案】A

【解析】选项 B 错误，根据银皮书，承包商应负责编制提交月进度报告。

选项 C 错误，安全程序的遵守是承包商的义务，但并未特别指出必须遵守业主代表的安全程序。

选项 D 错误，承包商有义务修补工程中的缺陷。

考点 3　NEC 施工合同

【答案】B

【解析】补偿事件是由一些非承包商的过失原因而引起的事件，承包商有权根据事件对合同价款及工期的影响要求补偿，包括获得额外的付款和工期延长。

考点 4　AIA 系列合同

【答案】D

【解析】建筑师在 AIA 中起着类似 FIDIC 施工合同条件中"工程师"的作用，是工程期间业主的代表，是业主与承包商的联系纽带，在合同规定的范围内有权代表业主行事，负责合同的执行管理。AIA 中建筑师主要有以下几项权力：对工程进度及质量的检查权；对承包商付款申请的支付确认权；对承包商文件资料的审查批准权；对变更等的签发变更令权。

选项 D 错误，AIA 的 F 系列为财务管理报表，而建筑师作为项目中的关键角色可能会涉及财务管理报表的相关工作，故选项 D 表述不准确。

第十章 建设工程项目管理智能化

第一节 建筑信息模型（BIM）及其在工程项目管理中的应用

考点 1　BIM 技术的基本特征

【答案】BCE

【解析】选项 A 错误，BIM 不仅涉及三维几何形状信息，还包括设计、施工、运营的数字化表达，支持工程建设整个进程中的效率提升和风险减少，并强调信息模型作为一个动态的数据存储和管理工具的特性。

选项 D 错误，信息模型不仅仅是数据存储工具，还具有管理和动态更新的功能。

考点 2　BIM 技术在工程项目管理中的应用

1. 【答案】ABCE

【解析】BIM 总协调方职责：

（1）制定项目 BIM 应用方案，并组织管理和贯彻实施。

（2）BIM 成果的收集、整合与发布，并对项目各参与方提供 BIM 技术支持；审查各阶段项目参与方提交的 BIM 成果并提出审查意见，协助建设单位进行 BIM 成果归档。

（3）根据建设单位 BIM 应用的实际情况，可协助其开通和辅助管理维护 BIM 项目协同平台。

（4）组织开展对各参与方的 BIM 工作流程的培训。

（5）监督、协调及管理各分包单位的 BIM 实施质量及进度，并对项目范围内最终的 BIM 成果负责。

选项 D 错误，完善施工 BIM 模型并及时更新是施工总承包单位的职责，而不是 BIM 总协调方的职责。

2. 【答案】ABDE

【解析】BIM 技术应用实施模式中，专业分包单位职责：

（1）配置 BIM 团队，并根据项目 BIM 应用方案和项目施工 BIM 实施方案的要求，提供 BIM 成果，并保证其正确性和完整性。

（2）接收施工总承包的施工 BIM 模型，并基于该模型，完善分包施工 BIM 模型，且在施工过程中及时更新，保持适用性。

（3）根据项目 BIM 应用方案和项目施工 BIM 实施方案编写分包项目施工 BIM 实施方案，并完成分包项目施工 BIM 实施方案制定的各应用点。

（4）分包单位项目 BIM 负责人负责内外部的总体沟通与协调，组织分包施工 BIM 的实施工作。

（5）接受 BIM 总协调方和施工总承包方的监督，并对其提出的审查意见及时整改落实。

（6）利用 BIM 技术辅助现场管理施工，安排施工顺序节点，保障施工流水合理，按进度计划完成各项工程目标。

选项 C 错误，制定项目 BIM 应用方案并贯彻实施是 BIM 总协调方的职责，不是专业分包单位的职责。

3. 【答案】C

【解析】应用 BIM 的建模和 4D 模拟技术，确定建筑各部位、各施工阶段的安全隐患，布置相应的安全措施，如在临边洞口处应设置防护栏杆。施工单位可以根据模拟的结果进行安全设施备料，按照进度计划安装洞口防护栏、设备围栏等安全措施。

第二节 智能建造与智慧工地

考点 1　智能建造

【答案】C

【解析】选项A错误,智能建造是多种新技术的集成应用。

选项B错误,智能建造的根本是要全面提升工程建造水平。

选项C正确,这是智能建造的核心内容。

选项D错误,数智化管控平台和建筑机器人是智能建造的重要支撑。

考点 2　智慧工地

【答案】C

【解析】选项A错误,智慧工地依赖于物联网、云计算、人工智能等技术。

选项B错误,智慧工地通过数据分析加强了安全管理。

选项D错误,应用层正是包含人员管理和机械设备管理的智能化管理服务。

亲爱的读者：

如果您对本书有任何感受、建议、纠错，都可以告诉我们。

我们会精益求精，为您提供更好的产品和服务。

祝您顺利通过考试！

扫码参与调查

环球网校建造师考试研究院